그 고양이는
왜 산으로 갔을까

그 고양이는
왜 산으로 갔을까

박도 지음

"내가 죽어 네 나라에 갈 수 있다면
너는 나의 집사가 되고
나는 너의 반려묘로
윤회하고 싶다."

차례

[여는 장] 귀래 찻집 9

제1장 새 가족 미르

가족이 늘어나다 / 19
누구의 환생일까 / 25
이 세상에는 흐린 날이 더 많다 / 39
겨울 산촌 / 42
미르의 산골생활 / 47

제2장 미르의 가출

미르의 고독 / 61
우편함으로 들어간 미르 / 68
멧새들의 하소연 / 76
미르의 낮잠 / 84
어미 멧새의 피울음 / 88
미르의 가출 / 95

제3장 빨간 옷을 입은 미르

건강검진 받으러 간 날 / 105

무슨 인연으로 한 지붕 아래 살까 / 114

화가의 자취 / 119

미르의 고국에 가다 / 122

빨간 옷을 입은 미르 / 128

제4장 영원한 것은 없다

회자정리 / 139

영원한 것은 없다 / 147

지상낙원 / 153

수목장 / 162

제5장 산으로 간 미르

마지막 만남 / 169

그 고양이는 왜 산으로 갔을까 / 178

미르의 환영 / 187

[닫는 장] 기브 앤 테이크 193

[여는 장]
귀래 찻집

  나는 그가 보고 싶을 때는 이따금 황산마을로 간다. 그는 나의 반려묘로 5년 남짓 함께 살았던 '미르'이다. '이따금' 기간은 대중이 없다. 두어 주일, 또는 몇 달, 혹은 몇 년일 경우도 있었다.

  황산마을은 원주시 귀래면 미륵산 밑에 있다. 내가 사는 치악산 밑 행구동에서 거기로 가자면 시내버스로 한 시간 남짓 걸렸다. 버스 환승에 따라 그 시간은 들쭉날쭉했다. 내가 사는 마을 버스정류장에서 8번, 또는 81번 시내버스를 타고 도심으로 간 다음, 거기서 31번 귀래행으로 갈아타고 종점까지 가야 한다.

  나는 종점 버스정류장에 이르면 으레 바로 곁의 농협 하나로마트에 들렀다. 거기서 그가 매우 좋아하는 요구르트나 바이오거트 열 개들이 한 묶음을 샀다. 그런 다음 곧장 버스정류장 옆에 대기 중인 택시를 타고 황산마을로 달려가곤 했다. 하지만 그 언제부터는 귀래 버스종점에 내리면 곧장 농협 하나로마트나 택시정류장으로 가지 않았다. 그 언저리를 두어 바퀴 맴돌다가 거기서 가까운 치안센터(파출소) 앞 귀래 찻집에 들르기 마련이었다.

그 찻집에서 차를 마시면서 그를 보고 싶은 마음을 달래곤 했다. 그런 다음 유리창 너머로 종점 정류장에 시내버스가 막 도착하면 슬그머니 자리에서 일어났다. 그런 뒤 그 버스를 타고 귀가하기 일쑤였다.

몇 해 전, 어느 이른 여름날이었다. 그날도 귀래 버스종점에서 내린 뒤 그 언저리를 어정대다가 귀래 찻집 문을 열고 들어섰다. 찻집 한 모서리에 놓인 오래된 턴테이블에서는 귀에 익은 브람스의 교향곡이 저 혼자 고고히 흐르고 있었다. 쉰 전후의 찻집 여주인은 생수 잔을 내 찻상 위에 올려놓고 말없이 돌아섰다. 나는 그의 뒷모습을 바라보며 말했다.

"냉커피 한 잔 주세요."

잠시 후 그가 핸드드립으로 내린 커피에 얼음 조각을 잔뜩 넣은 냉커피 유리잔을 탁자 위에 말없이 두고 돌아갔다.

나는 그 냉커피를 천천히 마시면서 그 찻집을 처음 찾아왔을 때처럼 실내를 찬찬히 훑었다. 마치 비행항로를 쫓는 항공 탐사대의 서치라이트처럼.

찻집 서가에는 예사 시골 찻집에서는 흔히 볼 수 없는 세계문학전집, 한국문학전집, 그리고 여러 문인들의 이런저런 작품들이 잔뜩 꽂혀 있었다. 그리고 턴테이블 곁 서가에는 렘브란트, 고흐, 모네 등의 화집들도 얌전히 꽂혀 있었다. 그밖에 벽 여백이나 계산대 옆 화병에는 제철 들꽃이나 철 지난 야생 열매 묶음들이 가지런히 꽂혀 있었다. 그런 것들을 한 바퀴 눈요기하고 나면, 그새 커피잔은 비워지기 마련이다. 그런 뒤 벽에 붙은 찻값을 슬쩍 본 다음, 지갑에서 돈을 꺼낸 뒤 테이블 위에 놓아둔 채 슬그머니 일어섰다. 그렇게 한 시간 남짓 그 귀래 찻집에 머문 뒤, 바깥으로 나온 다음, 막 도착한 시내버스에 오르곤 했다.

그날 오후, 모처럼 귀래 찻집의 문을 열고 들어섰다.
"선생님! 오랜만입니다."
예사 때와는 달리 찻집 주인이 매우 살갑게 인사를 했다.
"네, 오랜만입니다."

나도 같은 말로 화답했다. 그리고 찻집 빈 테이블의 의자에 앉았다. 그 찻집에 마지막 온 날을 되새겨보니 그새 4년은 조금 더 지난 듯했다. 그날도 턴테이블에서는 브람스 판이 저 혼자 돌고 있었다. 브람스의 〈독일 레퀴엠〉이었다.

"냉커피 되죠?"

"네, 됩니다."

"여전히 브람스네요."

"선생님도 브람스를 좋아하시나 봐요. 언제 들어도 좋죠. 시공을 초월하는 …."

나는 대답 대신 고개를 끄덕인 뒤 말했다.

"이즈음 지금 흐르는 곡을 자주 듣습니다."

"어머! 귀하신 분이 돌아가셨나요?"

나는 그 물음에 대답을 하지 않은 채 슬며시 눈을 감았다. 사실 그 보름 전에 아버지가 돌아가셨다. 아버지 생전 내내 편케 모시지 못한 점이 사후에 늘 내 맘을 아프게 했다.

"참 오랜만에 오셨네요. 앞자리에 앉아도 될까요?"

나는 그제야 눈을 떴다. 그가 찻잔을 들고 엉거주춤 앞자리에 섰다. 나는 자세를 가다듬으면서 말했다.

"앉으세요. 기왕이면 주인장 마실 차도 한 잔 준비해 오세요."

"고맙습니다."

그는 선풍기 바람을 내 쪽으로 향하게 한 뒤 금세 냉커피를 마련해 왔다. 그런 뒤 내 앞자리에 다소곳이 앉았다. 그는 냉커피를 한 모금 마신 뒤 말했다.

"선생님! 오늘은 그냥 가지 마시고 걔를 꼭 만나보고 가세요."

"네에?!"

"실은 황산마을 하정화숙 털보 조 화백님은 저의 대학 선배입니다. 가끔 제집에 오세요. 꼭 10년 전, 하정화숙 그 선배를 찾아왔다가 제가 이곳에 머물게 됐습니다."

"아, 네."

그는 묻지도 않는 말을 했다. 나는 그 말을 듣고서야 그가 내 신상과 이따금 이곳에 찾아오는 사연을 아는 까닭을 짐작했다.

"조 선배를 통해 얘기를 조금 들었습니다, 오늘은 선생님으로부터 직접 더 자세한 얘기를 듣고 싶네요. 사실 저도 냥이 집사예요."

하지만 왠지 나는 그에게 고주알미주알 얘기하고 싶지 않았다.

"인터넷을 하시나요?"

"… 네, 조금."

"제가 한때 블로그에다 개 이야기를 일기처럼 썼습니다."

나는 그에게 메모지를 부탁한 뒤 거기에 블로그 이름을 쓴 뒤 건넸다. 찻집 주인이 그 메모지를 보며 말했다.

"'미르 일기' 제목이 참 멋지네요."

"제목만요?"

"'미르'란 이름도 뭘 뜻한지 궁금한 게 여운도 가네요. 아무튼 '미르 일기'가 무척 기대됩니다. 시간 나는 대로 찾아서 찬찬히 읽어보겠습니다."

"듬성듬성 건너뛰면서 보십시오."

"알아서 읽을게요."

하긴 내가 거기까지는 간여할 바는 아니다. 그날도 나는 미리 셈해 둔 찻값에 한 잔 값을 더 보태 탁자 위에 슬그머니 올려놓은 후 자리에서 일어나 밖으로 나왔다.

"선생님, 커피 잘 마셨습니다."

나는 뒤돌아선 채 고개를 끄덕였다. 그러자 그가 내 뒤통수를 향해 말했다.

"선생님! 개가 엄청 많이 기다릴 거예요. 그렇게 미안해하지 마시고 오늘은 꼭 만나보고 가세요."

나는 계속 고개를 끄덕이며 찻집 문을 나섰다.

"개가 무척 반가워할 거예요."

나는 그 답은 하지 않은 채 일단 귀래 찻집을 훌쩍 벗어났다. (15. 7.)

* 이 책에 수록한 일러스트는 모두 저자와 가족이 촬영한 사진을 바탕으로 ChatGPT로 새로 생성한 이미지입니다.

제1장
새 가족 미르

가족이 늘어나다

우리 집에 가족이 늘었다. 아들이 설을 쇠고자 부모가 단둘이 사는 강원도 산골 집으로 내려오면서 자기가 기르던 고양이를 승용차에 태우고 왔다. 그런 뒤, 서울로 돌아갈 때는 슬그머니 그 녀석을 떨어뜨리고 갔다. 자기가 회사에 출근을 하면 그 녀석이 하루 종일 홀로 빈방에 갇혀 지내는 게 미안해서 그런다는 핑계를 대고는….

2004년 봄, 나는 30여 년 교단생활을 해오던 중, 정년을 5년 남긴 채 명예퇴직을 했다. 당시 외환위기 후유증으로 많은 젊은이들이 교사자격증을 갖고도 취업을 하지 못하고 있다는 보도를 보았다. 그 며칠 후 느닷없이 아내가 먼저 강원 산골로 귀촌하자는 제의를 했다.

나는 애초 생각대로 정년퇴직을 한다고 미적거렸다. 그러자 아내가 먼저 용단을 내린 후 서울을 떠났다. '우리 부

부는 연금만으로 최소한 입에 풀칠은 할 수 있을 거라고 말하면서….'

 나는 서울에서 혼자 지내며 한 학기를 더 버텼다. 그런 가운데 보다 젊은 나이에 인생 2막을 시작하는 게 어쩌면 더 현명하리라는 생각도 들었다. 그리하여 그해 학년말에 명예퇴직한 후, 40여 년 살았던 서울을 훌쩍 떠나 아내가 먼저 자리 잡고 있는 강원도 안흥이라는 산골마을로 귀촌을 했다. 그러자 아들과 딸은 갑작스레 부모를 떠나보낸 외로움 때문인지 서울 집에다 고양이 한 마리를 분양받아 길렀다.

 아내는 평소 집안에 반려동물 기르는 것을 몹시 꺼렸다. 그런 아내가 귀촌 후 어느 날 서울 집에 가서 아들과 딸이 고양이와 함께 살고 있는 것을 본 뒤, 집사인 아들에게 여러 차례 파양하라고 일렀다. 하지만 아들은 그때마다 "네, 네" 건성으로 대답만 할 뿐 끝내 파양치 않았다. '자식 이기는 부모 없다'고 하더니, 아내는 아들의 고집에 끝내 지고는 마침내 그 고양이를 우리 집 새 가족으로 맞아들였다.

 아들은 설을 쇠고 서울로 돌아갈 때, 우리 내외에게 그 고양이는 '러시안 블루'라는 외래종으로, 그의 이름 '미르'

는 자기가 지은 이름인 바, 러시아어로 '평화(мир)'를 뜻한다면서 할아버지가 평생 화두로 삼았던 말씀이라고 했다. 그러고는 우리 부부에게 집사 노릇 잘 부탁한다고 거듭 당부했다. 아들이 훌쩍 떠난 이후, 우리 부부도 그제야 비로소 그를 '미르'라고 부르면서 집사 노릇을 시작했다.

아내가 반려동물 기르는 것을 무척 꺼려한 것은 그들의 털과 배설물 처리, 그리고 그들은 유정물이라 그 인연이 다하면 애틋한 정을 남기고 떠나기 때문이라고 했다. 그동안 우리 부부는 서울 종로구 구기동 북한산 기슭 산동네에 살면서 이웃에 사는 넷째 고모님 댁에서 진돗개 강아지를 두 차례나 분양을 받아 기른 적이 있었다.

그 첫 번째는 1998년이었다. 분양을 받은 강아지가 깜찍스럽고 귀여운 나머지 뭔가 행운을 가져다줄 것 같은 예감에 나는 그의 이름을 '럭키'라고 지어주고 한식구로 지냈다. 하지만 그가 입주한 이듬해 복날을 앞둔 어느 무더운 여름날, 개장수가 내 집 '럭키'를 보고는 자꾸만 팔라고 무척 졸랐다. 하지만 나는 그를 문전박대했다. 그러자 그 이튿날 새벽, 럭키는 감쪽같이 사라져 버렸다. 그 개장수의 소행이라는 심증은 갔지만 아무런 물증이 없었다. 그날 이

후 그 개장수의 종적은 도무지 보이지 않아 혼자 '벙어리 냉가슴 앓듯' 속을 푹푹 썩이며 지냈다.

그 두 번째도 그로부터 2년이 지난 2000년 봄, 다시 고모님 댁에서 전보다 더 예쁘고 몹시 영리한 진돗개 새끼를 분양받아 길렀다. 그 녀석은 어린 게 아주 앙증맞고 무척 귀엽게 놀았다. 당시 내가 무척 좋아했던 한 프로야구 신인 선수의 애칭을 빌어 이름을 '루키'라고 지어주었다. 하지만 예쁘게 잘 자라던 루키는 그 이듬해 봄날 이른 새벽, 이웃이 놓은 쥐약을 먹은 뒤 입에 거품을 게워내면서 눈을 감았다.

그날 퇴근길 광장시장에 들러 하얀 옥양목 여러 마를 샀다. 귀가 후 거실에 안치된 루키의 시신을 그 천으로 고이 감쌌다. 그런 뒤, 삽으로 북한산 기슭 양지 바른 곳에 묻고는 꼭꼭 다독여주면서 좋은 곳으로 가라고 빌었다.

아들이 떨어뜨리고 간 미르는 여간해서 제 마음은커녕 나에게 눈길조차 한 번 주지 않았다. 한 달 남짓, 여러 차례 먹이를 챙겨주고, 몇 날을 제 동무로 같이 놀아주자 그제야 비로소 눈길 한 번 줄까 말까 할 정도로, 그 녀석은 무척 자존심이 셌고, 도도했다. 밥도 아무거나 먹지 않았고 꼭 제

사료만 먹었다. 다행히 대소변은 용케도 잘 가렸다. 꼭 제 화장실에서만 볼일을 보고는 배설한 변은 고양이모래로 꼭꼭 덮었다.

그 녀석은 강원도 산골 내 집으로 온 뒤, 하루 종일 본채 거실 창가에서 하염없이 바깥만 바라보며 지냈다. 나는 그런 그의 모습이 무척이나 측은하게 보여 그를 안고 밖으로 나갔다. 그러면 이웃집 개들이 시샘을 하는 듯, 미르를 보고 "멍! 멍!" 마구 짖었다. 그러면 그 녀석은 벌벌 떨며 내 패딩 속으로 파고들었다. 그 녀석은 그렇게도 겁이 많으면서도 틈만 나면 잽싸게 거실 밖으로 뛰쳐나갔다. 하지만 그때마다 우리 내외는 바깥세상은 그가 살 수 없는 세상인 줄 알고 애써 붙잡아 들였다.

이미 야성을 잃어버린, 안방 천장 쥐들조차도 무서워하지 않는 미르는 내 집을 떠나면 유난히도 추운 강원도 산골에서 단 하루도 살 수 없을 게다. 하지만 그 녀석은 그런 줄도 모른 채, 계속 바깥세상으로 뛰쳐나가려고 마냥 몸부림을 쳤다. 이는 아마도 모든 생명체들이 본디부터 갖고 있는 '자유'와 '자립'에 대한 본능과 근원적인 향수 때문이리라.

어느 하루 미르, 그 녀석이 웬일로 내 무릎에 슬그머니 올라 새근새근 잠을 잤다. 그런 일은 처음이었다. 그 순간 나는 오랫동안 짝사랑하던 여인이 내 프러포즈를 받아주는 듯, 기분이 째지게 좋았다. 나는 잠든 미르를 계속 무릎에 앉힌 채 노트북을 열어 내 블로그에다 따로 한 방을 만들어 '미르 일기'라는 제목을 붙였다. 그러고는 그날부터 이런저런 그의 일상 이야기와 무시로 촬영한, 관련 사진을 담아 인터넷신문사로 송고하면서 긴 겨울날을 보냈다. 하지만 그는 제 이야기를 내 블로그에 담아 세상 밖으로 퍼 나르는 줄도 모른 채, 아득히 먼 제 모국 산하를 꿈속에서 헤매고 있으리라. (05. 2.)

누구의 환생일까

　우리 부부가 강원도 산골마을로 귀촌을 하자, 친지들은 모두 놀랐다. 불황의 늪이 깊은 이 시대에 그래도 정년이 확실히 보장된 철밥통의 교직을 왜 팽개쳤느냐? 정년퇴직 후에 귀촌해도 늦지 않을 거라는 둥, 이런저런 얘기를 하면서 나의 용단을 몹시 염려하거나 또는 부러워했다. 그러면서 자기네 부부도 단둘이 깊은 산촌에서 살아봤으면 좋겠다는 둥, 나에게 새콤달콤한 노부부의 산촌 생활 이야기를 들려 달라고 졸랐다. 하지만 우리 부부는 결혼 초나 이제나 늘 담담하게 살아가고 있다. 나는 친지들에게 담담한 부부 얘기 대신 '미르 일기'를 이메일로 보내주었다. 그러면 모두들 다음 얘기를 학의 목처럼 뽑고 기다린다고 했다.

　옛 어른들은 부부가 나이가 들어 곁에 아이들이 없으면 얘깃거리도 없다고 하더니, 막상 우리 부부도 산마을에 오니까 더욱 그랬다. 그런 가운데 미르가 새 가족이 되자 우리 부부 사이에 새로운 얘깃거리가 생겼다. 아내는 매 끼니마다 미르의 밥을 챙겨주거나 매일 화장실 청소를 해주면서 나 대신 그에게 이런저런 잔소리를 했다.

아내는 이따금 미르에게 목욕을 시켜주거나 그의 발톱을 깎아줄 때는 그가 움직이지 못하도록 꼭 잡아 달라고 내게 도움을 청했다. 그때마다 우리 부부는 그 녀석이 알아듣건 말건 모처럼 몇 마디를 나누면 저도 "아 아" "으 으" 등 뭐라고 중얼거리면서 우리 부부의 대화에 끼어들곤 했다.

미르가 산골 집에 함께 살면 그동안 속을 무척 끓였던 본채 천장 쥐들이 금세 사라질 줄 알았다. 그런데 그 녀석이 내 집에 오자 처음 며칠은 거실에서 날마다 무시로 나는 "야옹! 야옹!" 하는 고양이 소리를 듣고 천장의 집쥐들은 처음에는 그야말로 쥐 죽은 듯이 조용히 지냈다. 하지만 본채 천장은 미르가 침범할 수 없는 치외법권 지대인 줄 알게 된 영악한 쥐들은 곧 이전과 다름없이 간도 크게 천장을 운동장 삼아 마구 뛰어다녔다. 그럴 때마다 아내는 미르를 마구 놀렸다.

"이 바보야! 천장의 쥐들도 겁내지 않는 너도 고양이

니?"

그럴 때마다 미르는 자존심에 몹시 상처를 받는 듯, 애써 못 들은 척 외면하면서 줄곧 바깥만 멀뚱하게 쳐다봤다.

그 며칠 뒤 어느 날 저녁이었다. 봉당(안방과 건넌방 사이 마루)에서 아내의 다급한 목소리가 소프라노처럼 높았다.

"여보! 미르가…."

나는 깜짝 놀라 반문했다.

"뭔 일이요?"

"우리 미르가, 드디어 쥐를 잡았어요!"

"뭐라고! 우리 미르가 쥐를 잡았다고요!"

나도 그 말에 후딱 놀라며 급히 그곳으로 갔다. 거실 한 구석의 미르 살림집으로 가보니 그 녀석은 봉당 구석 쌀뒤주 곁에서 생쥐 한 마리를 주둥이에 물고서 의기양양하게 우리 부부 앞으로 다가왔다. 미르에게 물린 생쥐는 그때까지 살아서 "찍찍"거렸다.

"미르, 놓아줘!"

아내의 소프라노 소리에 미르는 그제야 입에 물었던 생쥐를 놓아주었다. 그러자 생쥐란 놈은 잽싸게 거실 구석으로 도망갔다. 하지만 고양이 앞의 생쥐는 그리 멀리 도망가

지도 못한 채, 곧 봉당 구석자리에서 계속 부들부들 떨기만 하였다. 나는 집게로 그 생쥐를 집어 마당 두엄자리에 묻어 줬다.

"우와! 우리 미르가 드디어 쥐를 잡았네."

아내의 거듭 칭찬에 미르는 그제야 고양이로서 구겨진 자신의 체면을 차리기라도 한 듯, 연거푸 "야옹! 야옹!"의 기양양 크게 소리를 질렀다.

'보셨지요. 나도 당당한 고양이랍니다. 앞으로는 저에게 쥐도 못 잡는다고 더 이상 놀리지 마세요.'라고 과시를 하는 듯, 미르는 계속 목에다가 잔뜩 힘을 주면서 "야옹! 야옹!" 연거푸 크게 소리를 내질렀다.

나도 미르에게 한마디 건넸다.

"미르! 너, 진짜 고양이 맞네. 너 최고다!"

그러고는 그에게 엄지를 치켜세웠다.

그날 이후 본채 천장에서 벌어지던 집쥐들의 소동은 멈췄다. 나는 후보생 시절이나 현역 시절 지겹도록 불렀던 '진짜 사나이'라는 곡에 가사를 고쳐 미르를 향해 손뼉을 치며 흥얼거렸다.

"고양이로 태어나서 할 일도 많다만 너와 나, 집쥐 잡는 영광에 살았다…."

 그도 내가 흥얼거리는 의도를 알아차렸음인지 내 콧노래에 맞춰 연신 "야옹! 야옹!" 소리를 높여 내 노래 곡조에 호응했다.

 대체로 어린이들은 동물을 좋아한다. 아들이 초등학교 1학년 때, 학교 앞 노점에서 병아리 한 마리를 사 왔다. 그는 자기 방에다 라면 박스로 둥지를 만든 뒤, 거기다가 그 병아리를 길렀다. 그 며칠 뒤 이른 아침, 아들의 흐느낌에 놀라 우리 내외가 그의 방문을 후딱 열었다. 아들이 그동안 애써 기르던 병아리가 소리도 없이 둥지바닥에 배를 드러낸 채 드러누워 있었다. 아들은 둥지 속의 그 병아리를 내려다보면서 눈자위가 퉁퉁 붓도록 흐느끼고 있었다. 한참 후, 그 병아리가 다시 살아날 기색이 보이지 않자 아들은 그제야 삽을 들고 곧장 집 뒤꼍 북한산 기슭 양지바른 곳에다 병아리를 정성껏 묻어줬다. 그런 뒤 아들은 아침밥도 먹지 않은 채 눈물을 주룩주룩 흘리면서 등교했다. 그의 뒷모습을 바라보며 아내가 한마디했다.

 "제 부모가 죽어도 저렇게 울까?"

아마도 아들은 그때의 아련하고 가련한 마음이 여태 남아 있어서 미르를 분양받아 말벗을 겸해 함께 지내온 모양이다.

 미르는 안흥 산골 집에 살면서 자그마한 틈만 보이면 잽싸게 밖으로 뛰쳐나갔다. 우리 내외가 출입문을 여닫다가 잠깐 방심한 사이 그 녀석을 놓치고는 다시 거실로 잡아들인다고 부산을 떤 적이 한두 번 아니었다. 그 녀석은 특히 내가 아침밥을 먹고 아래채 글방으로 일하러 갈 때를 더 노렸다. 내가 밥을 다 먹은 뒤 글방으로 가고자 무심코 거실문을 열면 그 녀석은 그 틈을 노리고 있었다는 듯이 후다닥 쏜살처럼 바깥으로 뛰쳐나갔다. 그럴 때마다 나는 아내로부터 매사에 조신치 못하다는 잔소리를 짜증 나도록 듣곤 했다. 그와 함께 영국 속담 '아내의 잔소리는 침대의 가시와 같다'는 금언을 떠올리게 했다.

 아무튼 나는 미르의 돌출 행동 때문에 늘 전전긍긍했다. 그로 인해 우리 내외는 거실 문을 열어두지도 못한 채 한여름을 지내기도 했다. 미르, 그 녀석은 사시사철 밤낮을 가리지 않고 바깥으로 나가겠다고 무시로 창문이나 벽지를 찢었다. 그리하여 아내는 창호지와 풀비, 풀그릇을 늘 출입문 옆에 두고 살았다.

 미르는 나보다 아내를 더 따랐다. 처음에는 그 녀석조차도 나를 아주 쉰밥처럼 여기기에 때로는 질투와 함께 미운 마음이 생기기도 했다. 그런 미르가 내 집 가족으로 몇 달을 지나자 그제부터는 저도 나를 어여삐 여겼는지, 아니면 어쩔 수 없이 한 가족으로 대접하는 양, 이따금 슬그머니 내게 다가와 무릎 위에 퍼질러 앉았다. 그때부터는 그와 나는 동병상련 처지로 서로 눈빛을 마주치며 몇 마디씩 주고받기도 했다. 한밤중에 눈을 뜨면 때로는 그 녀석이 곁에서 나를 지키기라도 하는 양, 지긋이 내려다보기에 그래도 제 밥값은 한다고 기특히 여겼다.

 그런데 미르와 지내면서 가장 큰 고역은 무시로 날리는 그 녀석의 털 때문이었다. 진공청소기로 그 털을 아무리 빨아들여도 실내 공기는 늘 탁했다. 나는 오래전부터 비염이 있는지라 겨울이면 그 녀석의 털 때문에 그 고통이 매우 심했다. 그래서 내가 일방으로 다른 이에게 분양을 하려다가 마침 안부 전화를 한 아들에게 그런 사정을 말했다. 그러자 그는 주말에 산골 집으로 내려와 미르를 서울 제 거처로 데려갔다. 하지만 그날 이후 아들은 다른 이에게 분양을 하거나 이전에 자기가 산 펫(Pet) 가게에 돌려주지 않고, 계속 제 좁은 방에서 함께 지내고 있었다.

 이후 나는 아들과 통화할 때마다 미르를 파양하라고 누차 일렀다. 그러자 아내는 그때부터 극구 아들 편으로, 무척 몰인정하다고 나를 몹시 나무랐다. 그러면서 아내는 미르가 누군가의 환생으로 우리 집에 왔을 거라는 뜬금없는 얘기를 했다.

 나는 그 순간, 그 말에 몹시 큰 충격을 받았다. 이 세상 숱한 집 가운데 왜 하필 그 녀석이 강원도 오지 산골마을인 우리 집에 왔을까? 그것도 외래종으로, 반려동물을 기르기 엄청 꺼려했던 우리 집에 말이다. 아내의 말대로 그 녀석은 어쩌면 나와 전생에 무슨 깊은 인연이 있을 것 같은 생각도 들곤 했다. 어쩌면 6·25전쟁 당시 피란에서 돌아온 직후, 당시 극성을 부렸던 돌림병인 홍역으로 어린 나이에 세상을 떠난 바로 아래 누이동생이거나, 천수를 다 누리지 못하고 일찍 떠난 어머니의 환생일지도 모른다는 그런 생각이 나를 마구 짓눌렀다. 그러자 그동안 그 녀석을 집밖으로 내쫓을 생각만 했던 내가 몹시 부끄러웠고, 그 이후 미르를 볼 낯이 없도록 마냥 미안했다.

1950년 10월 초순 유엔군의 인천상륙작전 성공 후, 인민군들이 낙동강 다부동전선에서 모두 물러났다. 그러자 동네사람들이 피란지에서 돌아와 집집마다 부서진 집을 다시 짓거나 고치는가 하면, 날이 새면 마을 빈터에 움집이 하나둘씩 들어섰다. 그 움집에는 주로 북쪽에서 내려온 피란민들이 살았다. 피란지에서 돌아오자 곧 누이는 극심한 홍역을 앓았다. 그때까지도 전쟁 중이어서 누이는 병원에 한 번 가보지 못한 채 그대로 눈을 감았다. 그 무렵 부모님은 부산에 계셨고 나와 누이는 고향에서 할아버지 할머니 품에 자랐다. 누이는 죽기 전날 나에게 말했다.

"오빠야! 아무래도 나 이대로 죽을 것 같다. 나 죽으면 할배, 할매한테 내 옷 입은 채 그대로 묻어주라고 오빠가 말해줘. 지금 땅 속에 들어가면 디기(대단히) 추울 것 같아서 그래."

"바보야, 넌 죽지 않아."

그러자 누이가 눈을 반짝이면서 말했다.

"나 죽지 않고 살아나면 어른이 돼서 시집갈 때는 오빠 각시가 될 테야."

"바보야, 너랑 나랑은 친오빠 동생 사이라 신랑각시가 될 수 없어."

"난, 오빠야 각시가 되고 싶은데…."

그 다음 날 아침, 누이는 끝내 세상을 떠났다. 그날 아침 둘째 고모네 댁 사돈어른이 우리 집으로 와서 누이를 입은 옷 그대로, 거기다가 할머니가 장롱에서 꺼낸 삼베를 덧씌워 새끼줄로 누이 몸뚱이를 촘촘히 꽁꽁 야무지게 묶었다. 그런 뒤 사돈어른은 누이의 시신을 옹기 항아리에 넣고서는 지게에다 지고 일어섰다. 나는 눈물을 주룩주룩 흘리며 누이의 시신을 따라나섰다. 하지만 어른들의 만류에 대문 밖으로 나가지 못한 채 마냥 울기만 했다.

누이는 도량동 싸릿재 공동묘지에 묻혔다. 고향에서 중학교 졸업할 때까지 나는 이따금 그 싸릿재 공동묘지 누이의 무덤을 찾아가서 눈물을 질금거린 뒤 돌아오곤 했다.

나는 대학 3학년 때 학군단(ROTC) 하계 병영훈련을 충북 증평의 한 예비사단에서 받았다. 하계 병영훈련은 4주간인데 2, 3주 주말에는 가족 면회가 허용됐다. 그래서 그때 주말이면 대부분의 후보생 어머니들은 떡이나 통닭찜 등을 마련해서 머리에 이고 아들 면회를 왔다. 나는 그 장면이 몹시 부러웠다. 그 하계 훈련을 마친 뒤 조치원역에서 밤 열차를 타고 곧장 부산 집에 갔다.

"엄만 뭐야. 내 친구 엄마들은 먹을 걸 잔뜩 보자기에 싸서 들거나 머리에 이고 죄다 면회를 왔는데…."

어머니는 곧장 대답을 못하고 한참 하늘을 쳐다보며 머뭇거리다가 솔직하게 말했다.

"네가 훈련 받는 부대로 면회 갈 여비가 없었단다."

곁에서 듣던 아버지가 어머니에게 한마디했다.

"아들이 군에 갔으면 옆집에서 차비를 꿔서라도 면회를 갔어야지."

어머니는 남에게 아쉬운 소리를 못하는 데다가 비도시적이고, 비문명적인 분이었다. 또 기차나 버스를 타면 차멀미를 하는, 도시 생활에는 전혀 맞지 않는 체질이었다.

그해 늦가을 어느 날, 하교 후 서울 자취집에 들어서니 쪽마루에 전보 한 장이 놓여 있었다.

'모 행방불명, 급 귀가! 아버지.'

그날 이후 내가 그때 어머니에게 뱉은 그 말은, 평생 대못으로 내 가슴 깊은 곳에 박혀 있다.

나는 아내의 말-누군가의 환생-을 곰삭히면서 며칠 동

안 눈물을 질금거리며 지냈다.

  며칠 뒤 마침 서울에 한 모임이 있어 참석한 뒤, 구기동 집으로 가서 아들 방에서 혼자 놀고 있는 미르를 제 이동식 캐리어에 넣어 들고 동서울터미널을 거쳐 안흥 산골로 데려왔다. (05. 10.)

이 세상에는 흐린 날이 더 많다

 긴 겨울이 지나고 새봄이 돌아오자 뒷산 멧새들의 재잘거림이 나날이 더욱 요란해졌다. 뜰로 나오자 동녘에서는 해가 막 솟아올랐다. 상큼한 기분 좋은 아침이었다. 먼 산에는 지난겨울에 내린 눈이 여태 희끗희끗 남았다. 하지만 산등성이 위로 떠오르는 태양은 더욱 찬란했다. 산골마을에 사니까 도시에서 살 때보다 그날그날 날씨에 훨씬 더 민감해졌다. 아무래도 자연과 가까운 생활을 하니까 더욱 그런가 보다.

 앞집 농사꾼 노 씨의 말에 따르면, 산골마을 날씨는 종잡을 수 없기에 자칫 잘못하면 큰 손해를 입는다고 한다. 추위가 다 간 줄 알고 밭에다가 모종을 낸 뒤 갑자기 밤새 눈이나 우박이 내려 모종값에 인건비를 고스란히 날린 적도 있다고 했다. 반거들충이 농사꾼인 내가 강원도 산골로 내려온 첫해 봄이었다. 갑자기 기온이 내려가는 바람에 며칠 전, 장터에서 사다 텃밭에 심은 고구마 모종이 모조리 얼어버린 적도 있었다.

그제(4. 20)는 절기로 곡우인데도 이 산골마을에는 철 늦은 눈이 수북이 내렸다. 낙뢰에 우박이 쏟아지는 데다가 강풍까지 몰아쳤다. 게다가 심야전기 보일러까지 작동되지 않아 오전 내내 추위에 오들오들 떨었다. 오후 늦게야 온 한전 직원이 손봐준 덕분에 간신히 추위를 면할 수 있었다.

산골마을에 살면서 날씨 좋은 날을 손꼽아 보니까 일 년 가운데 몇 날 되지 않았다. 연중 절반 이상은 춥거나 더운 날씨다. 그 나머지 날도 비나 눈이 내리거나, 아니면 바람이 불거나 요즘은 황사현상에 미세먼지 등으로 음산하고 흐린 날이 더 많았다. 1년 365일 가운데 기온이 쾌적하고 날씨가 산뜻한 날은 그리 많지 않았다. 날씨만 그런 게 아니라 그동안 살아보니까 우리 인생도 그와 비슷했다. 평생 기쁜 날은 몇 날 되지 않았다. 대부분 사람들은, 아니 여러 동식물까지도 어쩌다가 찾아온 몇 날의 행운을 즐겼다가 평생 그 빚을 갚느라 헉헉대며 살아가기가 일쑤다.

곁에서 지켜보니까 우리 집 미르도 마찬가지였다. 그는

이미 거세(생식 기능을 잃게 함)됐기에 그 행운의 몇 날조차도 즐기지 못한 채 평생 무료한 나날로, 사람들에게 사육당하면서 그렁저렁 사는 듯했다.

 오늘은 모처럼 화사한 햇볕에 눅진한 이부자리도 말리고 텃밭에 밑거름도 냈다. 뒷산 진달래도 제철을 만나 활짝 피었고, 멧새들도 마침내 기다리던 행운의 날을 만들고자 하루 종일 흥겨워 노래를 하면서 저마다 짝을 찾기에 분주했다. 그 행운의 날이 뒷날 짐덩이가 되는 줄도 모른 채…. 혹 이 세상에 자신만 불행하다고 여기는 이에게, 다른 사람의 삶도, 이 세상에 태어난 모든 동식물에게도 이즈음의 날씨처럼 흐린 날이 더 많다는 얘기를 들려 드린다. 오늘 저녁 뉴스에 내일은 또 비가 내린다고 한다. (06. 4.)

겨울 산촌

아침에 일어나 커튼을 열어젖히자 장엄한 설경이 눈앞에 펼쳐졌다. 내가 이 산골마을을 사랑하고, 아무 연고도 없는 이곳을 훌쩍 떠나지 못한 까닭은 네 계절마다 변화무쌍하게 펼쳐지는 대자연의 오묘함과 현란함 때문이다. 그동안 이 산마을에서 살아보니까 강원도의 겨울은 몹시 길고 추워서 겨울나기가 여간 고생스럽지 않았다. 서울보다 평균 기온이 섭씨 4~5도는 더 낮은 것 같았다. 그리고 눈도 엄청 많이 내렸다.

여기로 내려온 첫해는 무척 힘들게 보냈다. 온 집안을 비닐로 덮다시피 둘러싸도 겨울 추위를 막아낼 수가 없었다. 그런 가운데 겨울 가뭄이 계속되더니 갑자기 눈이 내리고 곧장 강추위가 닥쳤다. 그러자 수도가 그만 꽁꽁 얼어붙어 하는 수 없이 샘에서 직접 물을 길어다 먹었다. 물지게를 지고서 언덕을 오르다가 눈길에 미끄러져 넘어졌다. 그리하여 골절상을 입고 난생처음 목발을 집고 서너 달을 지낼 형편이었다. 강추위에 어떻게 손을 써볼 수도 없어, 언 땅이 녹을 때까지 서울로 가서 아이들과 함께 지냈다.

 옆집 노 씨 말에 따르면, 내가 쓰고 있는 아래채 글방은 원래 소 외양간으로 40여 년 전에 방을 들여놓았다고 한다. 우리가 이사 온 뒤, 아래채 온돌방은 그대로 둔 채 임시로 전기패널을 깔고 내 글방(집필실)으로 썼다. 온돌방은 구들을 놓은 지 무척 오래된 데다가 그새 쥐들이 여기저기 구멍을 뚫어놓아 연기가 굴뚝보다 옆 벽으로 더 많이 샜다. 거기다가 아래채 전체가 단열이 전혀 되지 않아서 군불을 지피면 방바닥은 따끈하지만 눈은 연기로 따갑고 코끝에는 냉기가 돌았다. 게다가 날마다 산에 가서 나무하는 일도, 군불 때는 일도 만만치 않아 전기패널을 계속 썼더니 전기료가 엄청 나왔다. 뱅뱅 돌아가는 전기계량기를 마냥 그대로 볼 수가 없어서 지난해에는 입동이 지난 이후, 아래채 글방을 폐쇄하고 본채로 옮겨갔다. 결혼한 후 30년 동안 20평도 안 되는 좁은 공간에서 살았던 아내가 보다 더 넓은 공간에서 살고자 산골마을로 내려왔다. 그런데 다시 남

편이 책이네 컴퓨터네 책상을 본채 거실에 여기저기 퍼질러 놓았으니 서로 공간 문제로 불편해질 수밖에 없었다. 한겨울 함께 본채 거실에서 부부가 같이 지내면서 남편들의 퇴직 후 황혼이혼이 부쩍 많은 까닭을 알게 되었다.

지난여름, 이 마을에서 오래 사신 분 얘기로는 자기가 태어난 이래 가장 많은 비가 내렸다고 한다. 안방까지 물이 스며들 정도로 정말 징그럽게 비가 내렸다. 마침내 아래채 낡은 벽이 오랜 장마에 견디지 못하고 허물어져 버렸다. 가을로 접어든 이참에 벽을 새로 쌓으면서 화목 아궁이를 연탄보일러 아궁이로 고치기로 했다. 옆집의 마을 이장 노 씨가 목수로 손재주가 많은 분이라 마을의 세 일꾼과 함께 벽에 손을 대자 그만 지붕까지 와르르 무너져내렸다. 기둥과 서까래가 모두 썩었기 때문에 그대로 내려앉은 거였다. 집 수리가 간단할 줄 알고 시작했는데 일이 커졌다.

뒷산에서 나뭇가지를 베다가 벽에다가 발을 엮어서 걸고 거기다가 뒷산의 진흙을 개어 발랐다. 완전히 재래식으로 흙집을 지은 셈이다. "가을에는 부지깽이도 덤벙인다"는 바쁜 계절이라 이웃에서 도와주는 분들이 농사일 하면서 틈틈이 짓다보니 지난달 말에야 겨우 공사가 마무리됐다. 완성된 집은 황토벽 슬레이트 지붕으로, 내 분수에 족했다.

공사 기간 중, 때마침 마을회관 스피커에서는 농협에서 연탄을 주문받는다고 해서 1천 장을 주문하였더니 곧 연탄업자가 트럭에 싣고 와 빈 광에 가득히 쌓아주었다. 이만하면 올겨울은 충분히 넘길 듯하다.

그 공사가 끝나자마자 곧장 글방으로 쓰고 있는데 방바닥이 몹시 따뜻했다. 강추위에 대비하여 세 구멍짜리 연탄 아궁이를 만들었건만, 두 구멍만 피워도 방바닥이 절절 끓는다. 하루 사용량이 연탄 여섯 장으로, 매월 6만 원이면 겨울 한 철은 따뜻하게 지낼 수 있을 것 같다. 하지만 요즘 나는 아침저녁으로 새 일과가 하나 늘었다. 연탄불 가는 일이다. 서울에 살면서도 지겹도록 해본 일이라 연탄불 가는 데에는 이력이 났다.

오늘 아침 눈이 내린 탓인지 한동안 보이지 않던 멧새들이 마을로 내려와서 연탄재 버리는 내게 조잘거렸다.

"할아버지, 좋은 아침이에요!"

"안녕, 멧새들아!" (06. 12.)

미르의 산골생활

지난해 여름, 내가 사는 강원도 횡성지방에는 기상 관측 이래 비가 가장 많이 내렸다고 한다. 내 집에도 뒷산에서 흘러내린 빗물이 넘쳐 거실까지 찼다. 그러자 냉장고 밑의 오래된 먼지가 빗물에 쓸려 나왔는데 대부분 미르의 털이었다. 그때부터 미르의 털로부터 벗어나며 그와 함께 사는 방법을 골똘히 찾아보았다. 그 대안으로 아내는 이전과는 달리 날씨가 따뜻해지면 미르를 아예 바깥에 내놓고 기르자는 안을 냈다. 나는 그 안이 성공할지 다소 불안했다. 하지만 설사 실패하면 그것도 제 운명이라고 단정 짓기로 하고 우리 부부는 합의를 보았다.

그해 4월 초순, 아내가 횡성의 일터(여성농업인센터)로 간 사이, 내가 방심한 채 본채 거실 문을 열다가 그 틈을 노리던 미르에게 기회를 제공케 되자 그는 잽싸게 바깥으로 뛰

쳐나갔다. 나는 그 녀석을 온종일 먹이로 유혹하며 집안으로 끌어들이려 해도 여간해서 잡히지 않았다. 그날 해거름 때 돌아온 아내에게 크게 야단맞을 각오를 한 뒤 이실직고했다. 내 예상과 달리 아내는 싱긋 웃었다. 그런 뒤 아내는 이참에 미르를 아예 바깥에 놓아 기르자고 하며 앞장서서 그의 밥그릇, 물그릇, 침대, 의자. 화장실 등, 그의 세간 살림살이를 모두 바깥으로 옮겼다. 그날 밤, 그 녀석은 바깥이 썰렁했는지 다시 집안으로 들어오겠다고 발톱으로 문을 긁으며 밤새 울부짖었다.

"미르! 너, 언제는 나가겠다고 발버둥치더니 이제는 들어오겠다고? 너 이제부터 밖에서 살아!"

아내는 그 녀석의 청을 매정하게 외면했다. 그날 이후 사나흘 동안 미르는 밤낮 계속 집안으로 들어오겠다고 바깥에서 울부짖었다. 그러면서 거실 문 앞에서 길목을 지키다가 나나 아내가 거실 문을 열 때면 잽싸게 집안으로 들어왔다. 그러면 아내는 매정하게 다시 밖으로 내쫓았다. 그로부터 일주일이 지나자 저도 이제는 자기가 밖에서 살아야 되는 줄 알아차리고 더 이상 보채지 않았다.

나는 그 녀석의 집을 마련해주는 일이 더 급했다. 개집

같은 것으로는 강원 산골의 겨울 추위를 도저히 이겨낼 수 없을 것 같았다. 지난가을에 새로 만든 심야전기 보일러실이 미르 거처로 아주 안성맞춤이었다. 보일러실은 사방을 패널로 막았기에 보온도 잘 되고, 겨울철에는 온수통의 열기로 실내가 따뜻했다. 다만 사방을 막았기에 실내가 어둡고, 여름철에는 무덥고 환기가 되지 않을 것 같았다. 그래서 창틀집에 부탁하여 방충망을 곁들인 창문을 내주고, 실내에서도 바깥을 환히 내다볼 수 있도록 높은 탁자도 뚝딱 만들어주었다.

다행히 미르는 새로운 환경에 잘 적응했다. 이른 아침 문을 열어 달라고 그 녀석이 보채면 곧장 가서 문을 열어줬다. 그런 뒤 오전 9시 정각에 아침밥을, 정오에는 참으로 우유나 요구르트를, 그리고 저녁 7시 정각이면 저녁밥을 줬다. 그런 다음 제집에 들어가도록 길들였더니 그대로 잘 따랐다.

미르, 그 녀석은 마침내 '자유'를 찾았다. 그동안 미르에게 빵 문제는 해결됐다. 하지만 온종일 집안에 갇힌 채 살았으니 얼마나 자유가 그리웠겠는가? '빵'과 '자유', 이 두 가지는 모든 생명체에게 가장 소중한 기본권이다. 사람이

나 동물들의 아귀다툼도 그 원인을 살펴보면 결국 이 두 가지 때문이다.

미르는 정말 신기하게도 새 환경에 잘 적응했다. 그동안 우리 내외가 괜히 그 녀석을 집안에서 가둬 기르느라고 우리도, 저도 생고생을 했다. 그 녀석은 아침에 내가 제 거실 문을 열어주면 집 언저리를 맴돌거나 뒷산으로 올라가 멧새들의 노래를 들으며, 숲속에서 그들과 더불어 대자연의 한 일원으로 살아갔다. 그러다가 제 밥때와 간식 먹을 시간은 용케도 정확히 알고 집으로 내려왔다.

그 녀석은 먼저 아내가 있는 본채에서 "아웅! 아웅!" 밥 달라고 보채다가 기척이 없으면, 아래채 내 글방 문 앞으로 왔다. 지난날 6·25전쟁 직후 숱한 거지들이 밥때가 되면 대문 앞에서 깡통을 내밀면서 동냥을 했듯이 미르도 "아웅! 아웅!" 아우성을 쳤다. 아내나 내가 밥이나 간식을 챙겨주면 뚝딱 먹은 뒤 금세 사라졌다.

미르가 바깥 생활을 시작한 뒤 그에게는 나날이 달라지는 언저리 자연 생태계가 매우 신기한 모양이었다. 뒷산으로, 옆집으로, 길 건너 인삼밭으로, 배추밭으로, 우리 집 지붕 위로, 그는 제 가고픈 대로 마음껏 쏘다녔다.

미르가 자유의 몸이 된 지 일주일 뒤 무렵이었다. 그 녀석이 뒤꼍에서 "으응! 으응!" 괴상한 비명을 질렀다. 내가 후딱 소리 나는 곳으로 달려갔다. 그러자 미르는 저보다 덩치가 훨씬 더 큰 시커멓고 흰 무늬박이 검은 고양이 네로 앞에서 벌벌 떨면서 살려 달라고 비명을 지르고 있었다. 내가 몽둥이를 들고 네로에게로 다가가자 그제야 그놈은 멀리 도망갔다. 그래도 미르는 잔뜩 겁을 먹은 채, 옆집 컨테이너 박스 아래로 더욱 깊숙이 기어들어가 제 몸을 숨겼다.

 검은 고양이 네로는 우리 동네 토박이 터줏대감이다. 그런데 미르가 자기네 영역을 함부로 침범했다고 혼내주려고 온 모양이었다. 〈동물의 왕국〉을 보면 그네들에게도 나름대로 영역이 있었다. 특히 토박이들은 자기 영역을 침범해 온 무리와 목숨을 건 일전을 치른다. 인간 세계도 마찬가지다. 외적이 자기네 영역을 함부로 침입할 때는 목숨을 걸고 싸우지 않는가. 우리나라가 일본에게 침략을 당했을 때 우리 독립군들이 그랬다.

 그 이튿날에도 검은 고양이 네로란 놈이 또 우리 집 미르를 혼내주고자 살금살금 쳐들어왔다. 내가 전날처럼 몽둥이를 휘두르자 그놈은 또다시 잽싸게 도망쳤다. 그놈은 야

생으로 자랐기에 미르보다 훨씬 더 재빠르며 힘도 억세고 사나워 보였다. 그날부터 우리 내외가 집에 있을 때는 미르를 바깥에 풀어두었다. 하지만 두 사람이 집을 비울 때는 미르를 제집에 가둔 뒤 외출했다.

그날 이후 아내는 아침마다 미르의 집 문을 열어주면서 일렀다.

"네가 네로 그놈과 친하게 지내든지, 아니면 개와 싸워서 이겨야 한다."

미르는 잠자코 듣고만 있었다.

어느 하루 옆집 노 씨 컨테이너 박스 쪽에서 미르가 비명을 질렀다. 나는 하던 일을 멈추고 작대기를 들고 그쪽으로 달려가자 야생 고양이 묘순이는 후다닥 뒷산 쪽으로 튀고 미르는 박스 아래서 기어 나왔다. 자세히 살펴보니 목 언저리에 할퀸 자국이 있었다. 마침 비상 약상자에 상처용 연고가 조금 남아 있기에 그걸 발라주고 제집 둥지에 눕혀 두었다. 그날 저녁밥을 준 뒤 식사 끝나기를 기다렸다가 미르를 안고 내 방으로 데려왔다.

"묘순이는 암컷인데 잘 사귀어보지 그랬니?"

미르는 아무 대꾸 없이 시무룩이 가만히 있었다.

"왜 네 마음에 안 들던?"

"아빠, 그게 아니라요."

"무슨…?"

나는 그를 빤히 쳐다봤다.

"걔가 나보고 수컷 구실도 제대로 못한다고 막 물고 그랬어요."

그러고는 미르는 고개를 푹 숙였다. 아마 묘순이도 외래종 미르가 좋아서 다른 수컷 길냥이 몰래 밀애를 즐기고자 애써 길 건너 내 집까지 찾아왔나 보다. 그들은 컨테이너 박스 밑 으슥한 곳에서 서로 깊은 대화를 나누며 애무를 하는 도중에 묘순이는 미르의 생식기가 없는 걸 알고 화가 난 나머지 미르의 목덜미를 물었나 보다.

"…."

나는 미르를 더 이상 바라볼 수가 없어 시선을 창밖으로 돌렸다. 그러고는 말했다.

"아마도 네가 어렸을 때 수의사가 그런 모양이다. 그건 너희들의 생존권을 위한 수술이었을 거다."

그 말에 미르가 고개를 들어 나를 빤히 바라봤다.

"너희 무리의 수가 이 세상에 부쩍 늘어나면 전체가 살기 더욱 힘들어질 테니까 사람들이 그랬을 것이다. 사실 사람도 마찬가지란다."

그 말을 한 뒤 이어서 나는 이 세상에 사람의 인구도 폭발적으로 늘어나면 전염병이 돌아 떼죽음을 당하기도 하고, 그렇지 않으면 전쟁이 일어나 같은 사람끼리 떼죽음을 시킨다는 등의 말로 미르의 아픈 마음을 달래주었다.

"미르, 너를 거세시킨 사람을 대신하여 내가 사죄한다. 아빠는 앞으로 가능한 너에게 자유를 주겠다. 너의 남은 세상살이가 즐겁고 쾌적하기를 바란다."

잠자코 듣고 있던 미르는 제 주둥이로 내 가슴을 문질렀다. 나는 그런 미르를 안아 제 둥지로 보낸 뒤 내 방으로 돌아왔다.

우리 내외가 미르를 바깥에다 키운 지 한 달이 지날 무렵, 내가 서울 나들이를 하고 집으로 돌아왔는데 대낮인데도 미르가 제집에 갇혀 있었다. 아내에게 그 까닭을 묻자 어제 우리 집 앞 인삼밭 주인이 밭을 헤칠 우려가 있다고 쥐나 고양이를 잡는다면서, 밭 온 언저리에다 쥐약을 듬뿍 묻힌 생선 덩어리를 던져두었다고 했다. 그런데 쥐나 고양이보다 동네 개들이 먼저 결딴났다. 앞집 노 씨 똘똘이(강아지)가 그새 입에 거품을 내며 죽었다고 했다. 그래서 우리 미르에게도 그 화가 미칠까봐 하는 수 없이 아침부터 제집 울타리 안에 가뒀단다. 그런데 미르는 그런 영문도 전혀 모르고는 바깥으로 나가겠다고 몸부림을 쳤다. 미르가 문을 열어 달라고 계속 아우성치는 소리에 아내는 하는 수 없이 그 녀석에게 다가가 잔소리를 했다.

"얘, 아무거나 먹지 마!"

아내는 거듭거듭 주의를 준 뒤 문을 열어줬다.

바깥세상은 온통 미르의 지뢰밭이다. 요즘은 시골집에도 집집마다 자동차가 한두 대 꼴이요, 하다못해 스쿠터나 트랙터, 경운기라도 있기에 그 모두가 미르에게는 모두 지뢰들이다. 게다가 사람들이 놓은 쥐약이나 덫도 미르에게는 모두 지뢰다. 그렇지만 미르는 자동차가 무서운 줄도 모르고 그 밑에 잘 들어갔고, 어떤 때는 아예 우리 집 아내 승용차 밑에서 팔자 좋게 늘어져 낮잠까지 즐기기도 한다. 사실 국도나 고속도로를 달리다 보면 자동차에 깔려 죽은 야생동물들이 부지기수가 아닌가.

사람들이 편리하게 살려고 만든 문명의 이기들이 야생동물에게는 죄다 지뢰와 같다. 아내는 미르에게 매끼 밥을 줄 때마다 "이웃 토박이 고양이 조심, 차조심, 사람 조심을 하라"고 세 살배기 아이를 가르치듯 열심히 일렀다. 그 녀석이 아내의 말을 얼마나 알아듣고 조심하는지 모르겠다. 미르의 산골생활은 녹록치 않다. (07. 5.)

제2장
미르의 가출

미르의 고독

 누군가 나를 기다리고 있다는 것은 흐뭇한 일이다. 40년 남짓 살았던 서울에서 이런저런 볼일을 마치고, 뙤약볕 아래 서둘러 안흥 산골 집으로 내려왔다. 미르의 간식시간을 놓치지 않기 위함이었다.

 내가 집마당에 이르자 미르는 본채 옆 장독대에 앉은 채 꼬박 나를 눈이 빠지게 기다리고 있었다. 나는 나들이옷도 갈아입지 않은 채, 먼저 냉장고에서 우유를 꺼내 제 밥그릇에 가득 부어줬다. 그러자 미르는 그 간식을 후딱 먹고 난 뒤, 고맙다고 제 몸뚱이를 내 몸에 비비며 그르렁거렸다. 고양이들은 행복하거나 기분이 좋을 때는 제 몸뚱이를 상대방 몸에 밀착시켜 비비면서 그르렁거린다. 그런 뒤 그날은 그것으로는 제 답례가 부족했는지 내 글방(아래채) 기둥을 타고 오르내리면서 나무 타는 묘기를 한참 동안 보여주었다.

나는 묘기를 마친 녀석의 등을 긁어주면서 "그래, 잘 있었니?" "혼자 심심치 않았니?" 따위의 말을 건넸다. 그러자 저도, "애, 애" "어, 어" "응, 응" 따위의 소리로 뭐라고 대꾸했다. 아마도 "아빠, 잘 지냈어요." "제 간식 챙겨주고자 일부러 서울에서 부지런히 와주셔서 고마워요." "산마을에서 혼자 지내니까 조금은 적적했어요." 등의 대답일 테다.

지난날 고교시절 영자지 해외토픽란을 재미있게 보곤 했다. 그 기사 중, 서양 사람들은 죽을 때 자기가 기르던 개나 고양이에게 적잖은 유산을 물려준다는 보도를 보고는 '별 미친 사람'이라고 여겼다. 그랬던 내가 요즘은 그 서양 사람들의 마음을 이해하게 되었고, 나도 여유 재산이 있다면 꼭 그렇게 하고 싶다.

사람들에게 물질의 풍요와 개인주의 발달, 그리고 자유의 영역이 넓혀지자 '가족해체'라는 반갑지 않은 부산물을 낳았다. 지난날 농경사회에서는 먹고살기 위하여 대가족제가 더 유리했다. 하지만 로봇, SNS, AI 등, 첨단 과학문명이 고도로 발달한 이 시대에는 돈만 있으면 저 혼자 사는데 조금도 불편치 않다. 그러자 사람들은 어른들로부터 잔

소리를 듣지 않기 위해, 이전보다 더 많은 자유를 누리고자 가정이라는 굴레마저 벗어던지는 세태다. 현대인은 이전에 우리가 미처 누리지 못한 '빵과 자유'를 얻었다. 그러자 그 반대급부로 '고독'이라는 반갑지 않은 부산물이 뒤따랐다. 그래서 사람들은 그 고독을 메우기 위한 가장 손쉬운 방법의 하나로 아마도 고양이, 개 등 반려동물과 함께 사나 보다.

내가 유럽여행 중에 보고 들은 바, 독일인들은 개를 무척이나 좋아한단다. 그들은 남의 집 개를 흉보거나 욕하다가는 이웃 간 서로 원수지게 마련이라고 한다. 그들에게 반려동물은 가족이나 조금도 다름없단다. 우리나라도 이미 이런 추세가 점차 번지고 있다.

우리 집 미르는 집안에 아내가 없으면 더욱 나를 따른다. 저의 모든 뒷바라지를 아내 대신 내가 돌봐주기 때문이다. 아내가 한동안 집을 비운 이즈음, 그 녀석은 밤낮없이 수시로 내 글방 창가로 다가와 "아빠! 배가 고프니 밥을 주세요." "저를 애무해주세요." "아빠, 글만 쓰시지 말고 잠시 쉬면서 저랑 놀아 주세요." 등 마치 어린아이가 칭얼거리

듯 수시로 내게 보챈다.

미르는 요즘 한밤중에도 불 꺼진 내 방 창가 언저리를 맴돌면서 몹시 성가시게 군다. 그럴 때마다 나는 다시 불을 켜고 그 녀석과 잠시 놀아주기도 한다. 하지만 글 쓰는 일에 몹시 바쁘거나, 많이 피곤하거나 졸릴 때는 그의 청을 못들은 척 눈을 감아버린다.

그저께 밤, 잠결에 뭔가 시커먼 게 내 머릿결을 스쳤다. '주뼛' 놀라 얼른 깨어 실내등을 켜자 머리맡에서 미르 그 녀석이 나를 지긋이 내려다보고 있었다. 분명 잠자기 전에 방문을 모두 닫았는데 어쩐 일일까? 실내외 등을 켜고 창가 언저리를 살펴보니까, 남으로 난 내 방 창문이 삐쭉 열려 있었다. 아마도 미르 그 녀석이 창문턱에 뛰어올라 내 방을 내려다보면서 나를 아무리 불러도 쿨쿨 잠만 자고 있었나 보다. 그러자 자기 앞발로 방충망과 창문을 용케 슬쩍 밀고서는 내 방으로 슬며시 들어왔나 보다.

나는 잠자리에서 일어나 그 녀석과 조금 놀아줬다.

"아빠! 요즘 무슨 일로 그렇게 바쁘세요?"

"지금부터 꼭 100년 전, 우리나라에 남쪽 섬나라 일본인들이 침략해 왔단다. 그러자 임금님을 비롯한 고관 대신들은 그들에게 대항치 못하고 납작 굴복했단다. 하지만 일부 농민, 포수, 유생 등이 창이나 낫 또는 화승총을 들고 그 침략자인 왜놈들을 쫓아내고자 창의(국난을 당했을 때 나라를 위하여 의병을 일으킴)의 깃발을 들고 일어났단다. 그분들을 '의병'이라고 하는데, 죽창이나 구식 무기로 신식 무기를 가진 침략자들을 상대하는 건 바위에 계란을 던지는, 무모하고 승산이 없는 전투였다. 그래도 그 의병들은 눈을 뻔히 뜬 채 나라를 일본 강도들에게 빼앗길 수 없다며 분연히 나섰단다. 요즘 아빠는 100년 전 그분들이 용감히 싸운 곳을 두루 찾아다니며 그런 사실들을 찾아 알기 쉽게 기록하여 후세에 전하고자 한단다."

"우리 아빠, 진짜로 멋쟁이!"

"아쭈! 네가 아주 추임새까지 넣어주는구나!"

"아빠! 하지만 이제는 나이도 있는데 쉬엄쉬엄 쉬어가시면서 하세요."

"그래, 잘 알았다. 미르, 너도 이제 그만 가서 자라"

나는 그를 꼭 안아준 뒤 그의 등을 긁어주며 달랜 뒤 밖으로 내보냈다.

"아빠, 안녕! 내일 또 봬요."

"안녕, 미르!"

미르는 고독하다. 그에게는 동족의 가족이 없다. 내 집에 오기 전부터 이미 거세되었기 때문이다. 그러니 그에게 후손이나 가족이 있을 리 없다. 집안에 자식이 많으면 골몰하기 일쑤다. 하지만 그렇다고 자식이 아예 없으면 쓸쓸하기 짝이 없다. 아마도 동물의 세계도 마찬가지일 것이다.

미르에게 친구는 산골마을의 집고양이나 길고양이가 있다. 하지만 미르는 그들과 잘 어울리지 못한다. 이곳 암컷 고양이들은 미르가 수컷 구실을 못한다고 눈길도 주지 않고, 수컷들은 자기네 영역을 침범한 미르에게 자기 애묘를 빼앗길까봐 사납게 내쫓는 모양이다. 그러자 날이 갈수록 그 녀석이나 나나 이 산골에서 홀로 지내는 시간이 많아져 서로 대화하는 시간이 길어지고 있다. 곰곰이 생각할수록 그와 나는 같은 처지로, 그런 미르가 더욱 가여웠다.

"고독은 이 세상에서 가장 무서운 고통이다. 어떠한 공포도 모두 함께 있다면 견딜 수 있지만 고독은 죽음과 같다."

『25시』를 쓴 루마니아 작가, 게오르규의 말이다. 고독은 사람만이 느끼는 게 아니라 이 세상 모든 생명체들이 다 함께 느끼는 것인가 보다. (07. 8.)

우편함으로 들어간 미르

11월 하순이다. 새벽녘에 눈이 소복이 내렸다. 벽에 걸린 달력을 가까이 가서 보니까 '소설'이었다. 24절기에 꼭 맞는 첫눈이다. 아이들이나 스키어들은 목을 뽑고 기다리던 제철이 왔다고 '좋아라!' 펄쩍 뛸 테다. 하지만 나는 이미 그럴 나이를 지났다. 이즈음은 기쁘기는커녕 눈이 내리면 길이고 마당이고 집 언저리에 쌓인 눈 치우는 일로 걱정이 먼저 앞선다.

지난해 겨울 가뭄은 몹시 심했다. 눈이 엄청나게 많이 내린 후 강추위가 몰려오자 수원지에서 우리 집으로 들어오는 수도관이 꽁꽁 얼어 부엌 수도꼭지에서 물이 나오지 않았다. 그러자 불편하기 그지없었다. '목마른 자가 샘을 판다'고, 급한 김에 동네 공동 수원지에서 물지게로 샘물을 길어오다가 그만 눈길에 비끗해 물지게를 어깨에 진 채 그대로 산비탈에서 넘어졌다. 그 바람에 발목을 비쳤다. 그 길로 가까운 안흥병원에 가서 발목에 깁스를 한 이후 지난 겨울 내내 목발을 짚고 다녔다.

눈이 반갑지 않은 것은 미르도 마찬가지인 모양이다. 예삿날과는 달리 아침밥을 주고는 제집에 가뒀다. 그러자 줄곧 시끄럽게 보채기에 하는 수 없이 문을 열어주었다. 그 녀석은 잽싸게 밖으로 나온 뒤 곧 안채 현관 앞에서 어정거리며 "야옹! 야옹!" 계속 울부짖었다. 아마도 날씨가 추우니까 집안으로 들어오겠다는 하소연 같았다. 집안에서 기를 때는 밤낮으로 바깥으로 나가겠다고 문을 찢거나 벽을 할퀴며 아우성을 치더니 이제는 날마다 집안으로 들어오겠다고 난리다.

사람의 인생만 그런 게 아니라, 고양이의 '묘생(猫生)'도 역전에 역전을 거듭하나 보다. 오죽 변덕스런 인생이면 "변덕이 죽 끓듯하다", "침 뱉은 우물을 다시 먹는다"라는 속담이 생겨났으랴. 나도, 아내도 마음 아팠지만 그 녀석의 청을 매정하게 딱 뿌리치고 현관에서 바깥으로 내쫓았다. 그러자 그 녀석은 양지쪽을 찾고자 온 집안 여기저기를 기웃거렸다. 원래 고양이는 겨울철이면 양지쪽과 따뜻한 곳을 매우 좋아한다. 한 시인이 고양이의 이런 특성을 잘 그렸다.

꽃가루와 같이 부드러운 고양이의 털에
고운 봄의 향기가 어리우도다.

금방울과 같이 호동그란 고양이의 눈에
미친 봄의 불길이 흐르도다.

고요히 다물은 고양이의 입술에
포근한 봄 졸음이 떠돌아라.

날카롭게 쭉 뻗은 고양이의 수염에
푸른 봄의 생기가 뛰놀아라.
- 이장희「봄은 고양이로다」

아직 겨울의 문턱인데 미르나 나나 추위에서 해방될 봄을 기다리기에는 까마득히 멀다. 나는 요즘 한참 '호남의 병 유적지 답사기'를 집필 중이다. 그 진도가 매우 지지부진하다. 집중해서 글을 쓰려고 하면 이런저런 나들이할 일이 생겼다. 꼭 필요한 일만 보고는 잽싸게 산골마을로 돌아오지만 때로는 그 후유증이 열흘 이상 가기도 한다. 바깥세상 얘기는 나를 맥 빠지게 한다. 서울의 집과 아파트를 그대로 소유하고 있었다면 시골 부자는 됐을 텐데 방한 방풍도 전혀 안 된 산골 집으로 와서 이게 무슨 청승인가 싶었다. 하지만 명작이 평안한 호사 생활 속에 탄생하겠는가. 스님은 오매하고 깊은 도를 닦고자 더욱 깊은 산속으로 들어간단다.

오늘은 이른 아침부터 노트북을 켜놓았다. 하지만 답사기는 한 줄도 쓰지 못한 채 한동안 궁싯거리다가 배달된 우편물이라도 있는지 보려고 우편함으로 갔다. 그런데 뜻밖에도 미르란 녀석이 우편함 속에 자리를 잡고 있었다. 멀찍이 물러나 그를 한참 지켜봤다. 미르는 눈부신 햇볕을 쬐며 한참 몸단장을 하더니 곧 눈을 지그시 감고는 웅크린 채 따듯한 햇살을 즐기며 낮잠에 빠졌다. 나는 디지털 카메라로 그 귀여운 모습을 몇 컷 담은 뒤 그 녀석을 안고는 양지바른 쪽마루에서 앉아 초겨울의 따사한 햇살을 함께 즐겼다.

내 마음이 다시 차분해지면 이 나라 삼천리 금수강산을 지키다가 목숨을 바친 이름 없는 영웅들의 위대한 삶을 그릴 것이다. 일제강점기에 남은 가족들의 목숨만이라도 부지하고자 의병 자료란 자료는 모조리 불태우거나 폐기처

분하여 자료가 변변치 못한 의병 투쟁사를 집필하는 그 시간은 피를 말리듯 힘겹다. 하지만 그래도 기막힌 기쁨도 있다. 온통 가짜 애국자들이 진짜 애국자들을 제치고 판치는 이 세상에서 그 순결한 하나밖에 없는 자신의 목숨을 바쳐서 나라와 겨레를 구한 그 의병, 의사, 의인 들을 만나는 그 기쁨이란….

> 누가 이 나라를 지켰을까? 내가 살펴본 바로는 사대부 양반층보다 무지렁이 민병(민간인으로 구성된 부대원), 의병들이 더 많았다. 사실 작가의 기쁨은 글을 쓰는 데 있다. 더욱이 이즈음 내가 그리는 인물은 외적에게 침략당한 나라를 구하고자 하나밖에 없는 목숨을 바친 이름 없는 순국 의병들이 아닌가.

부처님은 "중생은 불쌍하다"고 했다. 이즈음은 사람도, 동물도 세상살이가 만만치 않다. 문명의 발달로 온갖 편리한 생활용품들이 마구 쏟아지고 있다. 하지만 사람들은 이전보다 행복하기는커녕 예사 살기도 힘이 든다고 아우성들이다. 아마 동물들도 마찬가지일 것이다. 그들에게 이 세상은 자기들을 옭아매는 덫이나 온통 지뢰밭 같은 곳이다. 물질문명 발달은 뭇 생명들 삶의 영역을 점차 축소시키고 있다. 또한 야생으로 살아가는 동물들은 그 종류도 개체수도 나날이 줄어들고 있다.

강원 두메산골 마을에서도 가을철 벼논을 지날 때 지난날 그 흔했던 메뚜기도, 개구리나 뱀 무리도 찾아보기가 쉽지 않다. 산에 사는 길짐승이나 날짐승마저도 사람들이 놓은 덫이나 밀렵꾼들 등살에 목숨을 부지하기가 매우 힘드나 보다. 게다가 무시로 일어나는 대형 산불은 그들 삶의 터전을 송두리째 빼앗아 가고 있다. 다행히 미르는 우리 내외의 보호 아래 용케 그토록 위험한 곳들을 요리조리 잘 피해 가면서 한 가족으로 잘 지내고 있다.

그런데 이즈음 미르는 부쩍 외로움을 더 느끼나 보다. 그는 시도 때도 없이 저와 놀아 달라고 보채는 빈도가 더욱 잦아지고 있다. 오늘 새벽 아래채 내 글방에서 '호남의병답사기'를 쓰다가 문득 차 한 잔이 생각나서 안채로 건너와 가스레인지 불에 찻물을 끓이는데 미르가 내 인기척을 용케 알고서 제집에서 "야옹! 야옹!" 울부짖었다. 식탁에서 끓인 차를 다 마신 뒤 제집으로 다가가자 그가 얼른 창틀로 뛰쳐나와 반갑다고 '그렁그렁'거렸다. 슬며시 문을 열어주자 얼른 내 품에 풀썩 뛰어 안겼다. 한참 동안 그 녀석을 껴

안고 등을 긁어주며 함께 놀아준 뒤 제집으로 들여보내면서 타일렀다.

"미르, 잘 자. 내일 아침에 보자."

미르는 더 이상 보채지 않았다. 그 녀석은 내 일을 방해하는 애물단지다. 아마도 그 녀석의 보챔은 "아빠, 좀 쉬면서 글 쓰세요!"라고, 내 건강을 염려하며 보내는 사랑의 메시지인가 보다. (08. 1.)

멧새들의 하소연

1

 동녘으로 난 창틀 위에서 미르의 "야옹! 야옹!" 하는 소리에 잠에서 깼다. 그 순간 멧새들의 노랫소리도 요란히 들려왔다. 옷을 주섬주섬 입고 뜰로 나왔다. 미르가 펄쩍 뛰어 내 품에 안겼다. 더 없이 맑고 기분 좋은 산촌 아침이다. 그새 해는 동산 위에 두 발은 더 높이 솟아올랐다. 매화산 멧새들이 산에서 내려와 내 집 뒤곁 배나무 고목 위에 앉아서 아침 인사를 한다.

 "안녕하세요, 할아버지! 그동안 고생 많이 하셨지요?"
 "안녕, 멧새들아. 너희들도 그동안 잘 있었니? 엊그제 병원에서 깁스를 풀고 너희들과 안흥 산천이 보고 싶어서 어제 오후 퇴원 즉시 곧장 내려왔단다."

"할아버지가 저희들이 보고 싶어 오셨다니 고맙고 반가워요. 할아버지! 앞으로는 매사 더욱 조심하시고 근신하셔요. 지난 겨우내 오랜 가뭄으로 할아버지가 물지게를 지고 샘물을 길어 주방으로 옮기시다가 미끄러져 골절상을 당한 걸 보고 저희는 무척 안타까웠어요. 게다가 할아버지가 서울 댁으로 가서 치료하는 동안 산골마을에서 뵐 수가 없었기에 저희들은 매우 적적했어요."

"그랬니? 나도 아침마다 너희들이 들려주던 노래를 들을 수가 없어서 무척 따분했단다."

"이심전심, 서로 통했나 봐요. 사실, 저희가 노래를 열심히 불러도 들어주는 이가 없을 때는 무척 맥이 빠지지요."

"그래, 맞아! 박수를 쳐주는 구경꾼 없는 노래자랑대회는 싱겁기 마련이지. 실은 나도 내 글을 읽어주는 독자들이 없을 때는 무척 속이 상한단다. 산골마을에 내려오니까 그래도 너희들이 나를 동무로 반겨주어 그지없이 반갑고 고맙구나. 나에게 들려준 '매사에 조심하고 근신하라'는 충고의 말은 가슴 깊이 새겨두겠다."

"어머, 할아버지! 아직도 다리를 절름거리시네요?"

"응, 의사 선생님이 한 주일은 더 지나야 풀 수 있다는 걸 내가 의사 선생님에게 우리 집 미르처럼 칭얼거리자 눈 질 끈 감으시고 풀어주더군. 그러면서 집에서 꼼짝 말고 누워서 지내라고 하였단다. 그런데 아내가 안흥 산골로 내려온다고 하기에 떼를 쓰며 따라왔단다."

"에구머니! 우리 할아버지는 정말 못 말려. 모든 병은 회복기가 더 중요한데 무리를 해서 이곳까지 오시다니. 그 나이에 꼭 어린애처럼 의사 선생님에게, 부인에게 그 떼쓰는 모습을 상상하니까 웃음이 절로 나오네요. 저희들은 나이와 상관없이 그런 천진난만한 사람을 좋아해요."

"고맙다. 좋게 봐줘서. 막상 이번에 내가 다쳐보니까 엄청 아프고 불편하더구나. 이런 건 사람뿐 아니라 동식물도 마찬가지일 테지."

"그럼요, 저희들은 더 심하지요. 참 좋은 말씀하셨어요. 이 세상에 태어나서 팔다리를 비롯한 신체의 각 부위가 제 기능을 발휘하지 못할 때는 무척 불편하지요. 하지만 저희들은 다쳐도 사람들처럼 병원에 가서 고칠 수도 없어요. 이참에 할아버지에게 저희들의 하소연을 좀 하겠어요."

"그래 하려무나. 서울 병원에서 지내는 동안 너희들의 재

잘거림과 푸념이 무척 듣고 싶었단다."

"사람들은 야생 동식물들을 아주 천대해요. 할아버지! 저희들 말 한마디도 빠뜨리지 말고 글로 써서 많은 사람들에게 전해주세요."

"그래. 잘 알았다. 어서 얘기해보렴."

"하느님은 온갖 동식물들이 세상에서 다 함께 서로 평화롭게 살면서 저마다의 자유로운 삶을 누리도록 하셨을 겁니다. 그런데 사람들은 그런 하느님의 높고도 큰 뜻을 저버리고, 어쩌면 그토록 포악하고 잔인한지 모르겠어요. 숲속에 사는 저희 멧새뿐 아니라 고라니, 청솔모, 멧돼지, 노루 아저씨들도 만나기만 하면 이 세상에서 사람이 가장 무섭다고 그런답니다. 어쨌든 그들 야생동물들은 사람을 피해 사는 게 하루라도 더 목숨을 지키는 길이라고 더욱 깊은 산속으로 들어만 가요. 몇 해 전, 강릉일대 산불로 떼죽음을 피해 이곳으로 피란해 온 친구들 얘기는 차마 들을 수 없는 지옥이었어요."

"나도 이태 전, 새해맞이 해돋이를 보고자 동해안 정동진에 갔다가 때마침 그 시간 그곳에서 일어난 산불 현장을 보고, 그 발화 원인이 관광객들의 담뱃불이라 하여, 그 자리에서 담배, 라이터 등을 모조리 쓰레기통에 버리고 그날 이후 금연을 실천했단다."

"역시 우리 할아버지는 멋쟁이!"

"아쭈! 너희들이 내 신명을 돋워주는구나! 사실은 그 덕분으로 훗날 내가 미국까지 가서 그곳 국립문서기록관리청에서 귀한 사진도, 문서도 구해 올 수 있었단다."

"? ?"

"그게 무슨 말이냐 하면, 그곳 문서기록관리청 전 건물은 전체가 금연 구역으로 흡연자는 일하기가 매우 힘든 곳이기 때문이야."

2

그 며칠 뒤, 미르가 내 글방을 찾아와 또다시 같이 놀아달라고 칭얼거렸다. 나는 하던 일을 멈추고 아예 노트북 전원조차도 끈 뒤, 그를 안고 주천강 강둑으로 산책에 나섰다. 마침 호젓한 강둑 바위에 앉자 미르가 지난 며칠 동안 뒷산에 올라 노루, 고라니, 멧돼지 등 야생동물들과 함께 지내면서 그들이 하던 얘기를 전했다.

"눈이 오는 겨울철에는 산짐승들은 온 산이 눈으로 쌓여

먹을 것을 구할 수 없게 되자 위험한 줄 알면서도 하는 수 없이 사람이 사는 마을로 내려올 수밖에 없어요. 영악한 사람들은 그런 걸 용케도 알고서 그 길목에다가 올무나 덫을 놓아요. 산짐승들은 먹이를 찾다가 배가 너무나 고픈 나머지 올무나 덫이 눈에 보이지 않아 그 속의 미끼를 먹으려다가 거기 덫에 걸려 갇힌 채 울부짖다가 목숨을 잃는대요. 게다가 요즘은 사람들이 '지방도'다 '국도'다 '고속도로'다 하여, 산이나 들을 가리지 않고 거미줄처럼 사방으로 도로를 만들고는 자동차를 타고 싱싱 달리는 바람에 야생동물들은 한밤중에는 안전한 줄 알고 먹이를 구하러 다니다가 그만 자동차에 치여 죽지요."

"그래 맞아. 나도 그런 참혹한 장면을 여러 번 봤단다. 사람들은 그런 걸 '로드 킬(Roadkill, 찻길 동물사고)'이라고 한단다."

"사람들이 자기네들만 편케 살겠다고 도로를 놓는 것까지야 저희가 막을 수는 없지요. 하지만 제발 그 길옆에 펜스를 치거나 저희 짐승들이 다닐 수 있는 길이라도 하나 내주면 안 될까요? 할아버지! 이 사실만은 꼭 알아두셔야 해요. 이 세상에 야생동물은 없고 사람만 사는 그런 세상이

온다면 마침내 사람도 살 수 없는 세상이 될 겁니다."

"잘 알았다, 미르! 세상사람 가운데 몇이나 내 말을 귀담아 들겠냐마는 네 말을 그대로 전하겠다."

"고마워요, 할아버지! 한두 사람이 할아버지의 말을 전해 듣고 고개를 끄덕여도 좋아요. 차차로 할아버지의 그 말씀이 옳다면 들불처럼 온 사방으로 옮겨지겠지요." (08. 3.)

미르의 낮잠

 어린 시절 나의 할머니는 봄이나 여름비는 '잠비'이고, 가을비는 '떡비'라는 말씀을 자주 하셨다. 지난날 시골 농사꾼들은 비 오는 날은 '공치는 날'로 특별히 다른 할 일이 없었다. 그런 날은 군입질할 거리가 더욱 생각나기 마련이다. 그리하여 시골 아낙네들은 비 오는 날은 군입질할 거리를 마련하기가 일쑤였다. 쌀독이 바닥난 봄이나 여름에는 군입질할 것도 마땅치 않아 가난한 집에서는 그 무료함을 메우는 가장 좋은 방법으로 잠을 청했나 보다. 하지만 가을철에는 쌀독 형편이 다른 계절에 견주어 다소 좋기에 비가 오면 으레 방아를 찧어 떡을 해 먹었나 보다. 그래서 "봄비는 잠비, 가을비는 떡비"라는 말이 생겨났음 직하다.

 요즘 한반도는 장마철로 이곳 강원 산마을에도 거의 날마다 비가 내리고 있다. 이즈음 나는 글감 취재 및 자료수

집으로 멀리 호남지방까지 나들이를 하고 있다. 하지만 어제 오늘은 날씨 때문에 이날저날 며칠 미루고 있다. 나는 전문 농사꾼은 아니지만 비가 내리니까 나도 갑자기 할 일이 없기에 글방에서 늘어지게 한잠 자고 일어났다.

창밖을 내다보니 미르란 녀석이 처마 밑 시루 위에서 내 글방을 뚫어지게 바라보고 있었다. 아마도 저와 놀아 달라는 나를 향한 구애의 자세이지만 계속 빗줄기가 세차게 내리기에 그대로 내버려뒀다. 그러자 저도 나만 쳐다보는 구애에 그만 지쳤는지 시선을 돌려 장대비가 내리는 주천강 풍경을 하염없이 바라봤다.

잠시 뒤, 미르에게 다시 시선을 돌리자 그도 무료했음인지 시루 위에다 다리를 쭉 뻗고 누운 채 긴 하품을 하고는 곧 긴 낮잠에 빠졌다. 미르도 이런 날은 바깥을 쏘다녀 보아야 다람쥐도, 청솔모도, 멧새도 잡을 수 없을 테다. 산골 고양이도 비 오는 날은 한잠 늘어지게 자는 게 무료한 산골에서 시간을 보내는 가장 좋은 방법인 줄 저도 이미 터득하고 있었나 보다.

사실 크게 보면 사람이나 고양이의 삶도 다 같다. 그런데도 사람은 저만 잘난 줄 알고 우쭐거리며, 이 세상 모든 걸

다 제 것인 양 가지려고 아등바등하는 바보라는 생각이 문득 뇌리에 스쳤다. 생각해보면 이 세상에 제 것은 하나도 없다. 사람도 죽으면 다른 동물처럼 제 몸뚱이조차도 간수치 못한다. (08. 7.)

멧새의 피울음

 미르는 지난날 아내로부터 '쥐도 잡지 못하는 고양이'라는 조롱을 받았다. 하지만 바깥 생활을 한 이후부터는 그제야 자기의 본능이 되살아난 모양이다. 그래서 지난날 조롱받은 데 대한 분풀이를 톡톡히 하고 있다. 지난날 미르가 내 집 거실에서 지내고 있는 데도 집쥐들이 천장을 난공불락의 요새로 알고 겁도 없이 '찍찍'거리며 바짝 미르의 부아를 건드렸다. 하지만 이즈음 미르는 그런 집안의 쥐들을 씨 말리려는 듯 무시로 천장을 드나들면서 집쥐들을 살살이 잡았다. 미르는 집쥐를 잡으면 "으응, 으응" 소리를 내면서 꼭 우리 내외에게 자기가 쥐 잡은 걸 신고했다. 내가 그 소리를 듣고 다가가면 미르는 쥐를 입에다 물고 마치 개선장군처럼 으스대며 나타났다.

 "엄마, 아빠! 저 좀 보세요. 생쥐를 한꺼번에 두 마리나 잡았답니다."

 아마 자기도 이제는 당당한 고양이로서 제 밥값은 한다는 것을 우리 내외에게 보여주기 위한 일종의 시위로, 생쥐를 물고 주둥이를 흔들었다. 이는 마치 어린이들이 초등학교에서 100점 받은 시험지를 들고 부모에게 자랑하는 장면과 같았다.

 "그동안, 저보고 쥐도 못 잡는 고양이라고 놀렸지요? 보세요, 저 이렇게 잡아왔잖아요."
 "아이고! 우리 미르, 그새 많이 컸구나! 이제는 쥐도 잘 잡네."

 아내는 미르의 그런 모습을 보고 칭찬을 아끼지 않았다. 아내는 칭찬뿐 아니라 냉장고에 보관한 특별 메뉴인 요구르트를 한두 개 보상으로 주곤 했다. 나도 맞장구를 치면서 그에 대한 칭찬을 아끼지 않곤 했다.

 "우리 미르 최고다!"

 그런 뒤 나는 그가 물어다 놓고 간 죽은 쥐를 집게로 집은 다음 뒷산 양지바른 곳에 묻어주기 마련이다. 미르가 바깥 생활을 한 이후로 내 집뿐 아니라 옆집 앞집 두 노 씨 집에 드나드는 쥐까지도 송두리째 씨를 말려버렸다. 미르는 우리 동네에서 더 이상 집쥐를 볼 수 없게 만들었다. 집쥐들이 사라져 더 이상 잡을 수 없게 되자 미르는 그 대신 뒤꼍 밤나무 아래에서 알밤 줍는 다람쥐를 잡아오거나 심지어 제 덩치와 비슷한 뒷산의 잣나무를 오르내리는 청설모까지 잡아왔다.

그럴 때마다 미르는 아내에게 칭찬은커녕 예쁜 다람쥐는 잡지 말라고 잔소리를 겸한 야단을 엄청 맞았다. 그 녀석은 이따금 멧새 새끼도 잡아왔다. 그럴 때는 아내에게 더욱 크게 야단을 맞았다. 미르는 집쥐는 잡아도 되지만, 다람쥐나 멧새 새끼는 왜 잡으면 안 되는지, 그 기준이나 영문을 전혀 몰랐다. 내가 그동안 미르가 잡아온 쥐나 다람쥐, 멧새 새끼 시체를 뒷산에 묻어준 게 10여 차례는 더 된 듯하다.

아내가 일찌감치 일터로 간 오늘 아침, 미르가 내 글방 앞에서 "웅, 웅"거리며 나를 부르고 있었다. 그것은 "내가 무엇을 잡아왔으니까 봐주세요"라는 부름이었다. 여러 해 한집에서 같이 살다보니 이제는 그가 부르는 소리로 "아빠, 배가 고파요" "심심하니까 같이 놀아주세요" "내가 무엇을 잡아왔으니까 봐주세요"라는 정도는 나도 알아듣게 되었다. 후딱 밖으로 나갔더니 미르는 주둥이가 노란 어린 새 새끼를 물고 있었다.

"미르! 놓아줘!"

내가 크게 소리치자 미르는 자기가 물고 있던 새 새끼를 얼른 내려놓았다. 하지만 그 멧새 새끼는 이미 숨을 거둔 뒤였다. 며칠 전에는 마당에서 미르가 부르는 소리를 듣고 달려 나갔더니 다행히 멧새 새끼가 살아있었다. 그래서 곧장 멧새 어미한테 얼른 돌려준 적이 있었다. 하지만 오늘의 멧새 새끼는 살아날 가능성이 전혀 보이지 않았다. 나는 늘 하던 대로 그 멧새 새끼를 집게로 집은 뒤 뒷산 양지바른 곳에다 고이 묻어주면서 말했다.

"얘, 다음 세상에서는 우리 피차 이런 사이로는 만나지 말자."

나는 그 멧새 새끼를 묻고 막 집으로 돌아왔다. 그러자 죽은 멧새 새끼의 어미 아비인 듯 멧새 한 쌍이 내 집 언저리를 계속 돌면서 애끓는 울음소리로 "찍찍"거리며 제 새끼를 부르고 있었다. 아비 새는 전신주 꼭대기에서 언저리

망을 보며 "찍찍"거렸다. 어미인 듯 한 멧새는 겁도 없이 미르 언저리를 이리저리 푸득푸득 날면서 계속 울부짖었다.

"야, 고양이 놈아! 너 이놈! 금쪽같은 내 새끼를 살려내!"

미르에게 겁 없이 덤비는 멧새의 모성애에 나는 감탄했다. "여성은 약하지만 어머니는 강하다"는 그 말의 진리를 멧새한테서도 배울 수 있었다. 재미동포로 남북 이산가족을 찾는데 앞장선 『상록수』작가 심훈 선생님의 셋째 아드님(심재호) 얘기를 들으니까, 이산가족을 찾는 일에 지극 정성으로 매달리는 이들은 대부분 여성이라고 했다. 남성들은 그저 그런 일에 들러리에 지나지 않았다는 말을 듣고, 새삼 남성으로서 무척 부끄러움을 느낀 바 있었다.

나는 미르 대신 아비 어미 새를 향해 두 손으로 빌면서 다가가서 말했다.

"미르의 집사로서 대단히 미안하다. 너희 새끼는 숨을 이미 거뒀기에 내가 뒷산에 고이 묻어줬다. 앞으로 너희의 다른 새끼들은 내 집 근처에 얼씬도 못하게 해라."

"할아버지! 할아버지도 자식 키워 보셨지요. 어린 자식들은 부모의 말을 잘 듣지 않잖아요. 글쎄 오늘 아침에도 저희 내외가 번갈아 가며 개에게 단단히 일렀어요. '할아버지네 고양이 미르가 매우 사납고 위험하다고'. 그런데도 개가 우리의 말을 새겨듣지 않고 미르가 귀엽다고 기왕이면 더 가까이 가서 본다고 마당으로 가더니 기어이 일을 당했네요. … 아이고, 불쌍한 것, 이제 알에서 깨어난 지 보름밖에 되지 않았는데. … 제 딴은 세상 구경한다고 할아버지 댁으로 갔다가 그만….";

어미 멧새는 겁도 없이 계속 미르 언저리를 맴돌면서 피를 토하듯 울부짖었다.

"애, 그러다가 너까지 위험해. 이제 그만 멀리 날아가거라."

"할아버지, 자식을 잃으면 어미는 눈에 뵈는 게 없답니다. 미르란 놈의 눈이나 코를 제 뾰쪽한 부리로 콕! 콕! 쪼아주고 싶어요."

"알았다. 내가 너희 대신 그 녀석을 흠씬 혼내주마."

하지만 어미 아비 멧새는 내 집 언저리를 떠나지 않고 계속 지붕이나 전깃줄로 옮겨 앉으며 내내 울부짖었다. 그들 멧새 한 쌍이 "찍찍"거리며 울부짖는 그 소리가 하루 종일 내 마음을 울렸다. (08. 10.)

미르의 가출

나는 식탐이 많은 편이다. 그래서 아내에게 잔소리를 숱하게 들으면서 산다. '당신은 먹는 데 좀 초연하라'고. 아내는 소식에다 채식주의자로 그것도 하루 두 끼만 든다. 그런데 나는 하루 세 끼 밥을 꼬박 챙겨 먹는다.

미르란 녀석도 나와 마찬가지다. 그 녀석은 먹기 위해 사는 건지, 살기 위해 먹는 건지, 단 한 끼도 거르지 못하고 조금만 늦어도 여간 보채지 않는다. 꼭 한국전쟁 직후 거지들이 한창 득시글거릴 때 끼니때마다 대문 앞에서 빈 깡통을 내밀면서 밥 좀 달라고 아우성치는 그런 거지꼴이다.

내가 방문을 열고서 미르를 향해 "얘, 아직 밥시간이 아니야!"라고 소리치면, 그는 한동안 머쓱해하다가 잠시 후 다시 밥 달라고 칭얼거리기 일쑤다.

오늘 아침은 밥때가 되었는데도 미르란 녀석이 본채(안

채) 앞에서 보채지도 않을뿐더러 내 글방(바깥채) 앞에조차 얼씬하지 않았다. 도대체 무슨 영문일까? 아내에게 그새 미르의 밥을 줬느냐고 물었더니 아직 주지 않았단다. 그 녀석이 간밤에 동네로, 산과 들로 한참 싸돌아다니다가 아마도 늦잠을 자는 모양이라고 나는 제집으로 가서 내부를 샅샅이 살폈으나 거기에서도 기척이 없었다. 나는 그 녀석이 가장 좋아하는 말로 그를 크게 불렀다.

"미르야, 맘마 먹자!"

그렇게 몇 번을 큰소리로 외쳐도 미르는 끝내 달려오지도 않았을뿐더러 기척도 전혀 없었다. 그동안 이런 일이 없었던 터라 무척 걱정이 됐다. 그래서 앞집 옆집 텃밭 등 온 동네를 한 바퀴 돌면서 "미르, 맘마 먹자!"라고 거푸 크게 외쳤다. '손오공이 아무리 신통을 부려도 부처님 손 안'이라는 말처럼 제 놈이 어디에서 배를 채우랴, 곧 배가 고프면 돌아오리라는 편안한 마음으로, 나는 아침밥을 먹은 뒤 곧장 내 글방에서 일에 빠졌다.

그런데 미르란 녀석은 점심때는 물론, 아내가 저녁 준비로 텃밭에서 상추를 솎는 해거름 때까지도 기척이 없었다. 아무래도 미르에게 뭔 일이 일어난 것 같은 불안감에 앞길로, 미르가 쥐 사냥으로 자주 가는 동네 어귀 창고로 간 뒤, 그 언저리를 살피면서 "미르야!"를 외쳐도 끝내 기척이 없었다. 마침 마을 이장인 옆집 노 씨가 들에서 돌아오기에 물었다.

"이장님! 혹시 우리 미르 못 보셨습니까?"

"아침나절 뒷산에서 얼핏 보이던 데요."

"네엣!"

나는 반가운 마음에 그 말이 그치자마자 뒷산으로 후딱 오르며 "미르야!"를 크게 부르짖었다. 마치 김유정의 단편소설 『동백꽃』에서 점순 어머니가 "점순아! 점순아! 이년이 바느질을 하다말구 어딜 갔어?"라고 점순을 요란하게 큰소리로 부르며 찾는 것처럼. 나는 계속 뒷산을 오르며 "미르야! 미르야!" 고래고래 소리쳤다.

한참 동안 미르를 부르짖으며 산길을 오르는데, 산등성 저만치에서 미르가 "야옹! 야옹!" 대꾸를 하면서 부스스한 몰골로 내려왔다. 마치 산에서 밀애를 하다가 치마 허리끈을 조이면서 내려오는 점순이 몰골이었다. 나는 어찌나 반가운지 그 녀석을 껴안고는 집으로 돌아오면서 물었다.

"그동안 어딜 갔었니?"

"뒷산에요."

"왜 이렇게 늦었니?"

"…."

이미 오래전에 생식기가 거세된 미르는 『동백꽃』의 점순이처럼 뒷산에서 동네 암고양이 묘순이와 밀애를 나눴을 리는 없었을 것이다.

나는 그 순간 문득 교사 초년 시절 한 녀석의 얼굴이 떠올랐다. 1973학년도, 내가 서울 용산구의 오산중학교 2학년 11반을 담임했을 때다. 어느 가을날 아침, 반장인 그 녀석이 조회 시간에 보이지 않았다. 그때까지 출석부가 깨끗했던 매사에 모범이었던 녀석인지라 잠시 궁금해 하다가 아마 늦잠을 잤거나 그날 아침 어디가 몹시 아픈 모양이라고 집으로 확인 전화를 하려다가 꾹 참았다. 그런데 4교시 내 수업시간까지도 그 녀석의 모습은 교실에서 보이지 않았다. 점심시간에야 집으로 전화를 했더니 어머니가 깜짝 놀라며 전화를 받았다. 어머니 말씀이 그날 그 녀석은 예삿날과 마찬가지로 아침 제 시간에 등교했단다. 하필 그날 등굣길에 3기분 등록금까지 손에 쥐어주었다고 했다. 평소

과묵하고 매사에 모범이었던 그가 갑자기 증발하다니….

그날 하교 시간 무렵, 어머니는 핼쑥한 얼굴로 교무실로 찾아왔다. 그새 그가 갈 만한 곳을 죄다 수소문했으나 아들의 종적을 끝내 알 수 없다며 울먹였다. 나는 하루 사이 무슨 일이 있겠느냐고 어머니에게 위로의 말씀을 드린 뒤, 좀 더 느긋하게 기다려 보자고 말했다. 하지만 그 녀석은 그날 늦도록 귀가치 않은 모양으로 늦은 밤 수화기 속에서 어머니는 계속 울먹이며 애간장을 태웠다.

그런데 이튿날 2교시 후, 그 녀석이 고개를 푹 숙인 채 등교했다. 단단히 야단치려다가 그를 보는 순간 우선 무척 반가운 마음이 앞서기에 아무 말 않고 교실로 들여보냈다. 그러고는 그날 종례가 끝난 뒤, 그를 조용한 상담실로 불러 지난 하루의 자초지종을 들었다.

그 녀석은 그즈음 학교생활에 무척 회의를 느꼈다고 했다. 그런 가운데 학교 교육을 제대로 받지 않고도 발명왕으로 성공한 미국의 에디슨을 알게 되었고, 아버지의 소 판 돈을 몰래 훔쳐 가출한 뒤, 후일 대기업가로 성공한 현대건설 정주영 회장 이야기를 쓴 책 『시련은 있어도 실패는 없다』란 책을 읽어본 뒤 자기도 그분들을 본받고 싶었단다.

마침 그날 아침 등록금도 손에 쥐었기에 그걸 여비로 하여 서울역에서 무작정 부산행 열차를 탔다고 했다. 그는 낯선 부산역에 내려 역전에서 두리번거렸다. 그때 역전 파출소 순경이 순찰을 돌다가 자기를 발견, 역전 파출소로 데려간 뒤 집을 나온 사연을 묻기에 처음부터 그제까지 솔직히 죄다 얘기한 모양이었다. 그 사연을 다 듣고 난 그 경찰관은 집에서 부모님이 애타게 기다릴 테니 곧장 집으로 돌아가라고 타이르면서 밤 열차를 태워주기에 서울 집으로 돌아왔다고 1박2일의 가출 이야기를 숨김없이 얘기했다.

아마 미르도 날마다 늘 똑같이 거듭되는 자기의 일상생활에 염증을 느낀 나머지 간밤에 문득 저도 야생으로 자립하고픈 마음에 뒷산으로 올라갔나 보다. 그래서 그날 하루 야생으로 돌아가 자연식(생식)을 하며 온종일 골똘히 앞으로 살아갈 생각을 했다. 그런데 야생으로 먹은 게 토해지는 등, 아무래도 야생으로 돌아갈 수 없음을 깨닫게 되었고, 그러자 집에서 매끼 주는 집밥(사료)이 그리워졌나 보다. 그런 차에 내가 자기를 부르자 무척 반가워서 얼른 산에서 내려온 모양이었다.

한 신문의 보도는 한 해 동안 가출 청소년은 전국에 10여만 명에 이른다고 하고, 한 청소년 전문단체의 설문조사에 따르면, 중고교생 절반 이상이 한때 가출 충동을 느낀 적이 있다고 한다. 어디 청소년만 그렇겠는가. 요즘 세계 곳곳에는 홈리스(노숙자)들로 몸살을 앓고 있단다.

내가 둘러본 세계 대부분 도시에서 홈리스를 만났다. 일본 도쿄의 우에노공원, 중국 하얼빈의 역전 벤치, 미국 필라델피아 자유의 종 광장, 뉴욕 맨해튼의 빌딩가, 워싱턴의 내셔널 몰 등지에서도 대낮임에도 길바닥이나 공원 벤치에서 헌 종이 박스나 담요를 깔고서 잠자는 노숙자들을 흔히 볼 수 있었다. 비단 사람만 가출 충동을 느끼겠는가. 사람들에게 사육당하는 동물들도 제 스스로 먹이를 마련해 먹으면서 온 천하를 휘저으며 자유롭게 살고 싶은 충동이 왜 없겠는가.

내 품으로 돌아온 미르가 눈물겹도록 반가우면서도 한편으로는 자연으로, 제 가족 품으로 돌아가지 못하는 그의 운명, 사람들에게 사육당하는 그의 묘생(猫生)을 가여워하는 두 마음이 저녁 내내 오락가락하며 나를 슬프게 했다.

(09. 3.)

제3장
빨간 옷을 입은 미르

건강검진 받으러 간 날

 요즘 농촌의 들판을 지나면서 유심히 살펴보면 전국 어디나 대부분 밭두둑은 검은 비닐로 덮은 뒤 거기다가 구멍을 뚫어 씨앗을 심거나 모종을 내고 있었다. 한 농사꾼에게 그 영문을 알아봤더니 비닐을 덮지 않으면 잡초 때문에 김매는 일이 여간 힘들지 않다는 것과 두둑을 비닐로 덮으면 보온도 되고, 가뭄도 훨씬 덜 타기 때문이란다. 게다가 씨앗도 훨씬 절약된다고 한다.

 내 집 텃밭은 2백 여 평이다. 이 텃밭 농사에 두둑을 비닐로 덮는 게 어쩐지 자연의 순리를 거스르는 것 같아 이전처럼 작물을 노지에 그대로 심었다. 고개 너머 송한리 마을의 한 농사꾼은 지나다가 이를 보고 '태평농법'이라고 했다.

 나는 그 텃밭에 욕심도 많게 여러 종류의 작물과 채소를 심었다. 옥수수, 고구마, 고추, 콩(강낭콩, 검은 콩 등), 토마토,

거기다가 상추, 쑥갓, 파, 가지, 열무에다 가장자리에는 더덕, 그리고 집안 둘레 곳곳에는 호박, 오이, 수세미까지 심었다. 그런 뒤 얼치기 농사꾼은 봄부터 그 농사일에 쩔쩔매고 있다.

지난 한 주 동안 한 방송국(안동 MBC-TV)에서 중국대륙 항일유적지 답사 길에 나에게 코디(길안내) 역을 부탁했다. 그래서 동행을 한 뒤 어제 서울에 도착했다. 오늘 첫차로 산골 집으로 돌아와 텃밭을 둘러보니 잡초가 말씀이 아니었다. 그새 집 안팎에는 잡초가 가득했다. 울 안 화초밭도 잡초로 무성했다. 그동안 여러 차례 김을 맸다. 하지만 정말 잡초는 '끈질긴 생명력의 잡초'라는 말처럼 거름 한 번 주지 않았는데도 너무나도 잘 자랐다. 흔히들 폐허가 되거나 못 쓰게 될 때 '쑥대밭이 되다'라고 말하는데, 정말 열흘 남짓 새, 텃밭은 잡초로 온통 쑥대밭이 돼 있었다. 집에 도착한 즉시 옷을 갈아입고 호미를 들고 김을 한참 매다가 잠시 쉬는데 미르가 텃밭으로 와서 뭐라고 말했다.

"아빠는 왜 힘들게 사세요?"

"아빠의 한 스승님(이오덕)이 하신 말씀이란다. '사람이 사람답게 자라가려면 반드시 겪어야 하는 삶이 있다. 그건 일하기와 가난과 자연이다'고."

"그래서 서울에서 이 산골마을로 내려와서 텃밭을 가꾸며 가난하게 사시는군요."

"글쎄다."

"아무튼 아빠의 극성은 못 말려요. 저는 요즘 깊은 밤에 하느님의 하소연을 자주 들어요. 아빠! 머지않아 이 세상에 꼭 무슨 큰일이 일어날 것 같아요. 요즘 사람들은 본디 사람의 착한 마음씨를 잃어가고 있어요. 하나밖에 없는 이 세상을 마구 파헤쳐서 사람도 동물도 살 수 없는 세상을 만들고 있어요. 특히 사람들은 이 세상의 모든 동식물들에게 빼앗아 가기만 하고 주는 건 하나도 없어요. 세상만사, 주고받기 곧 '기브 앤 테이크(Give and Take)'인데…. 사람들은 동식물들에게 주지는 않고 빼앗아 가기만 해요. 이러다가는 이 지구상에 모든 생명체는 사람들 때문에 살아남지 못하는 세상이 올 것만 같아요."

"얘, 그럼 어쩌면 좋겠니?"

"아빠는 선생님이셨고, 지금까지도 글 쓰는 분이니까 지난날 학생들에게 일러주듯이 하느님의 하소연을 여러 사람들에게 잘 전해주세요."

"글쎄다. 세상 사람들이 내 말을 들을는지?"

"개중 몇 사람은 아빠 말씀을 잘 새겨들을 거예요. 애초에는 한두 사람이라도 고개를 끄덕일지라도 점차 그 말씀이 옳다면 산불이나 들불처럼 크게 번져나갈 거예요."

"잘 알았다. 지금 바로 글로 써서 인터넷에 올려야겠다. 그리고 사람으로서 모든 동식물들에게 이바지할 수 있는 실천 방안도 곰곰이 생각해보겠다."

"역시, 우리 아빠 최고 멋쟁이! 하늘에 계신 분은 그런 올곧은 일을 몸소 실천하는 사람을 최우선으로 하여 당신 나라에 받아들일 거예요. 그리고 하느님은 그런 희생을 실천하는 이의 소원을 가장 먼저 들어주실 뿐 아니라 당신 나라에 영원히 살게 하실 겁니다."

"미르! 무지한 나를 일깨워줘서 고맙다. 이 지상의 동식물들도 편케 살 수 있는 방안도 생각해보겠다."

"우리 아빠! 최고 멋쟁이! 그 실천 방안은 큰 것이 아니라 오히려 자그마한 데 있을 거예요."

"미르! 잘 알았다."

"제 말에 콧방귀 뀌지 않고 진지하게 들어주신 아빠에게 감사드려요."

"그 귀한 진리를 가르쳐준 너와 내가 한 가족이 된 데 대한 보람을 갖게 되었다."

미르는 기분이 매우 좋은 양, 그렁그렁거리면서 중얼거렸다.

"저의 하찮은 말에도 귀를 기울여주신 데 대해 오히려 제가 감사드려요."

나는 그런 미르의 등을 긁어주고 꼭 껴안아주었다. 그러자 그는 연신 '그렁그렁'거리면서 내 품을 파고들었.

미르가 내 집 식구가 된 지 그새 5년째로 접어들었다. 그의 입주 초기에는 서로 이런저런 갈등도 많았다. 하지만 이제는 어엿한 한 가족이 되었다. 처음 이태 동안 미르는 집 안에서 지냈다. 하지만 그 뒤부터 밖에서 길렀는데 다행히 잘 적응하고 있다. 그 녀석은 아내가 집에 없을 때는 용케 알고 밥때가 되면 아래채 내 글방 문 앞에 와서 "아옹! 아옹!" "아, 아!" 등의 울부짖음으로 밥을 달라고 몹시 보챘다. 내가 못 들은 척 내버려두면 내 방 창틀 턱까지 뛰어 올라와서 애절히 밥 달라고 부르짖었다.

그제야 "알았다. 맘마 먹으러 가자"고 방문을 열고 마당에 나서면 미르는 엉덩이를 좌우로 흔들며 아주 신이 나서 제집으로 후딱 달려갔다.

내가 제 밥그릇에 밥(사료)을 챙겨주면 그는 '번갯불에 콩을 구워먹듯' 후딱 먹어치웠다. 그런 뒤 으레 그 답례로 한바탕 글방 기둥을 타고 오르는 재롱을 부렸다. 아마도 제 딴은 나에게 밥값에 대한 보답인 모양이었다.

그제부터 아내가 아이들이 사는 서울 집으로 갔다. 그래서 미르와 단둘이 산골마을에서 지내고 있다. 그런데 어제 저녁은 밥때가 되어도 그 녀석이 방문 앞에서 보채지를 않았다. 이럴 때는 마당에 나가 "미르! 미르!" 하고 두어 번 부르면, 곧 "애, 애" 또는 "야옹!" 하고 어디선가 불쑥 나타나기 마련이다. 그런데 아무런 기척이 없다. 그래 곰곰 생각해보니 아침나절 앞집 노 씨 배추밭 모퉁이 콩깍지 더미에서 그 녀석이 쥐를 마냥 기다리는 것을 보았다. 그래서 거기로 가서 불러봐도 대답이 없었다.

온 동네가 떠나가도록(세 집밖에 안 되는 산동네지만) "미르! 미르!" 불러도 기척이 없었다. 갑자기 불길한 생각이 들어 집 앞 도로 여기저기를 살펴도 끝내 그 녀석의 종적은 보이지 않았다. 다시 제집으로 돌아와 "미르!" 더 크게 부르자, 이 녀석이 그제야 제집 잠자리에서 깨어나 하품을 하면서 겸연쩍게 내게로 다가왔다.

 제집 둥지를 먼저 잘 살피지 않고 바깥에서 소동을 피우며 애간장을 태운 게 부끄럽기도, 멋쩍기도 하였다. 다른 한편으로는 미르가 무사한 게 반가웠다. 평소처럼 저녁밥을 챙겨준 뒤 문을 닫아주고는 내 방으로 돌아왔다.

 오늘은 원주기독병원에 건강검진을 예약한 날이다. 병원 측에서는 아침밥을 먹지 말고 빈속으로 일찍 오라고 일렀다. 나는 이른 아침 모닝콜을 듣고 일어날 때만 해도 '미르 아침밥을 주고 가야지'라고 생각했다. 하지만 막상 세수하고 외출복을 갈아입자 원주행 버스시간이 빠듯하여 후딱 집을 나섰다. 그 바람에 미르 밥 주는 일을 그만 깜빡 잊어버렸다.

 원주행 버스가 전재 고개를 넘을 때에야 비로소 미르에게 밥을 주지 않은 게 갑자기 생각났다. 오늘은 채혈을 하고 그 결과까지 보는 날이다. 그러면 아무리 빨리 집에 간데도 오후 3시는 넘을 것이다. 그때까지 아침밥을 굶기고 제집에 가둬둔다고 생각하니까 아찔하고, 그에게 무척 미안했다. 버스에서 내려도 안흥으로 돌아가는 버스를 타려면 길거리 정류장에서 최소한 30분 이상은 더 기다려야 하고, 그렇게 시간을 길에서 보내다가는 병원 예약시간을 도저히 맞출 수가 없었다. 집에 차를 두고도 운전면허증도 없는 내 스스로 족쇄에 묶여 구닥다리로 사는 내가 미워졌다. 마침 주머니를 뒤지자 수첩이 나왔다. 옆집 전화번호를 찾아 손전화 다이얼을 누르자 이장님이 받았다.

"이장님, 옆집인데요. 저, 지금 건강검진으로 원주기독병원에 가는 중입니다. 제가 집을 나설 때 깜빡 잊고 제집 고양이 미르에게 아침밥을 주지 않고 나왔네요. 좀 부탁합니다."

"알았습니다. 지금 곧장 가서 줄게요."

잠시 뒤 이장님한테 미르 밥을 잘 챙겨주었다는 전화를 받고는 편안한 마음으로 병원에 갔다. 채혈을 하고 두 시간을 더 기다린 끝에 담당 전문의를 만났다. 내가 마치 재판 결과를 기다리는 심정이라고 하자, 그는 밝은 표정으로 말했다.

"혈당 수치는 지난번보다 조금 좋아졌습니다. 계속해 채식을 하시고, 운동을 계속 많이 하십시오."

그 말씀을 기분 좋게 듣고 가뿐한 마음으로 병원을 나섰다. 부지런히 버스를 두 번이나 갈아타고 집으로 돌아오자 오후 3시가 조금 넘었다.

그때까지 미르는 제집에 갇혀 있었다. 이장님은 미르의 밥만 챙겨주었지 제집 문을 열어주지 않았다. 내가 문을 열어주자 그는 얼른 밖으로 뛰어내려 내 앞에 벌렁 드러누웠다. 저를 애무해 달라는 사랑의 표시 신호였다. 내가 제 등을 긁어주고는 곧 이어 안아주자 그 녀석은 눈을 지그시 감은 채 계속 '그렁그렁'거렸다.

"고마워요. 아빠! 기다렸어요. 저를 잊지 마세요. 저는 당신의 미르예요."

"그래, 잘 알았다. 나도 너를 사랑한다."

어느 시인은 늘그막에 고양이와 단둘이 산다고 하더니, 요즘 영판 내가 그 처지다. 나는 미르의 등을 쓰다듬어주며 "미안하다, 미르! 앞으로는 네 아침밥을 빠트리는 일이 없도록 각별히 주의할게"라고 말하자, 미르는 눈을 감은 채 "애, 애"라고 대답하고는, 계속 그렁거리며 땅바닥에 드러누웠다. (09. 4.)

무슨 인연으로 한 지붕 아래 살까

요즘 강원도 산골마을의 날씨는 겨울에서 바로 여름이 된 듯하다. 봄은 숫제 건너뛴 듯하다. 엊그제는 겨우내 껴입었던 내복도 벗어버렸고, 실내 화초도 마당에 내놓고 물을 듬뿍 주고 일광욕을 시켰다. 말 못하는 식물이지만 얼마나 기분이 상쾌했을까.

간밤, 미르가 제집에서 계속 칭얼거렸다. 아마도 이제는 날씨도 따뜻해졌으니까 밤에도 자유롭게 드나들 수 있게 자기 집 문을 잠그지 말아 달라는 하소연 같았다.

오늘은 날씨가 완연히 풀렸기에 저녁밥을 준 뒤 출입문을 닫지 않았다. 이제부터 미르는 다시 24시간 자유의 몸이 된 것이다. 늦은 밤 그 녀석이 제 보금자리에서 자는지 궁금하여 제 방으로 가서 살펴보니 보이지 않았다. 아마도 이 밤중에 앞집 노 씨 곳간을 드나드는 쥐나 아니면 뒷산으로 다람쥐를 잡으러 간 모양이었다.

 나는 내 글방으로 돌아와 노트북의 자판을 열심히 두들겼다. 그런데 책상 아래쪽에서 벽을 긁는 소리가 들렸다. 그 순간 나는 집쥐들이 오늘 저녁부터 미르의 집 출입문을 열어준 것도 모르고 겁도 없이 함부로 설치는 모양이라고 생각했다.

 '오늘 밤, 네놈들이 겁도 없이 설치는구나. 그래, 두고 보자. 오늘이 너희들 초상날일 거다.'

 그런 생각을 하면서 일에 파묻혔다. 그런데 글 쓰는 도중에 뭔가를 긁는 소리가 계속 신경을 몹시 건드렸다. 그래서 무심코 책상 아래 소리 나는 곳을 내려다보았다. 그런데 천만 뜻밖에도 미르란 녀석이 폐지를 모아두는 박스에 둥지를 틀고 드러누운 채 행복한 표정으로 나를 빤히 쳐다보며 앞발로 폐지 박스를 슬쩍슬쩍 긁고 있었다. 아마도 저는 나에게 같이 놀아 달라고 장난기 어린 신호 삼아 앞발톱으로 폐지 박스를 긁었던 모양이었다. 그 녀석은 조금 전 내가 잠깐 방문을 열어둔 새 나 몰래 잽싸게 내 글방에 훌쩍 뛰어 들어와 폐지 박스에 자리를 잡고 있었나 보다.

 그런 뒤 제 딴은 나에게 가장 피해가 가지 않는 장소(제

털이 날리지 않는)인 폐지 박스에 둥지를 틀고는, 내가 일(글 쓰는)하는 모습을 무척 행복한 표정으로 바라보다가 서로 잠깐 눈길이나 마주 치자고 신호를 보낸 것으로 보였다.

나는 그 녀석을 보면서 깜짝 놀랐다. 무척 반가운 마음에 그의 목덜미를 긁어주자 곧 '그렁그렁'거렸다. 그 녀석은 그 순간을 오래 더 연장하려는 듯, 아예 눈조차 감았다. 그대로 두어 시간 내 방 폐지 박스 안에서 혼자 놀도록 내버려둔 채 나는 내 일에 빠졌다. 피차 매우 행복한 순간이었으리라.

그 녀석이 저 혼자 얼마나 외로웠으면 이 밤중에 내 방을 찾아왔을까? 나는 깊은 잠에 들기 전에 녀석을 안아다가 제집으로 돌려보냈다. 밤새 그 녀석이 내 방에다 실례를 한다면 피차 얼굴 찌푸릴 일이 아닌가.

요즘 들어 나는 인생 종착역이 얼마 남지 않음을 느낀다. 신체 이곳저곳에서 그 기능이 수명을 다했다고 이따금 빨간 경고 신호를 보내오고 있다. 나는 건강하게 살아온 데 대해 나를 낳아주신 부모님과 하늘에 늘 고맙게 생각하고 있다. 하지만 이제는 이제는 어쩔 수 없이 다가오는 '죽음'

이라는 이 세상에서의 마지막 장을 담담히 받아들여야 하지 않겠는가.

  사실 죽음이라는 것도 삶의 한 과정이라고 한다. 불교의 윤회설이 참말이라면 미르와 나는 전생에 무슨 인연이 있었을까? 무슨 연유로 이생에서, 강원 두메산골 마을에서 서로 만나 이제껏 한 지붕 아래 오순도순, 때로는 티격태격 사는 것일까. (09. 6.)

화가의 자취

 산골마을은 겨울이 유난히 길고 썰렁하다. 봄부터 가을까지는 이른 아침부터 뒷산의 멧새들이 내 집 울안까지 내려와 조잘거리거나 다람쥐나 청설모 등이 놀다 가기 일쑤다. 한밤중에는 고라니, 노루 들이 산 아래로 내려와 고구마순, 옥수수 잎 등으로 주린 배를 채우고 간다. 하지만 한겨울철에는 그런 먹이들이 없으니까 그 녀석들의 자취도 보기 쉽지 않다. 봄부터 가을까지는 이런저런 할 일이 없을 때 텃밭에 나가면 잔일이 많다. 하지만 겨울 텃밭에는 손이 갈 일이 거의 없다.

 강원도 산골마을은 네 철 가운데 겨울이 가장 길다. 그래서 더욱 겨울철은 한가하고 심심하다. 양의사나 한의사는 노년생활의 건강 비결을 매일 산책과 잦은 목욕이라고 일러주었다. 그래서 나는 그 말씀에 따라 이를 부지런히 실천하고 있다. 특히 나의 지루하고 건조한 겨울 산골 생활 가운데 가장 즐거운 때는 매화산 전재고개 너머에 있는 코레스코 지하 대중목욕탕에 가는 일이다. 거기를 다녀오는 날이면 짧은 겨울 하루가 금세 지나간다.

더욱이 올겨울은 그 흔한 눈조차 내리지 않아 겨울 가뭄이 몹시 심하다. 우리 내외는 밥만 겨우 해 먹을 뿐, 제대로 닦지도 못하고 있다. 사정이 이렇다 보니 이삼 일에 한 번꼴로 목욕탕에 가서 뜨거운 물에 몸을 담근다. 나에게 그 시간은 아주 행복한 시간이다.

오늘은 아내와 함께 목욕탕에 갔다가 각각 남탕, 여탕에서 한 시간 남짓 머물다 집으로 돌아오니 우편함에 내 집을 스케치한 그림 한 장이 놓여 있었다.

선생님! 그동안 무고하신지요? 바람 끝이 매우 차가운데 출타 중이시군요. 맴도는 바람이 손을 맞습니다.
-귀래 미륵산 밑 조하정 다녀감

내가 이 산골마을에 내려와 전 주인 소개로 알게 된 원주시 귀래면 황산마을에 사는 털보 조하정 화백이 다녀간 흔적이었다. 그가 모처럼 내 집을 찾고서는 주인이 없자 마당

평상에 앉아 내 집 풍경을 스케치한 걸 우편함에 넣고 갔다. 일부러 자리를 피한 건 아니지만, 아무튼 털보 조 화백에게 엄청 미안했다. 추운 날씨에 곱은 손으로 스케치했을 그를 상상하니 더욱 마음이 편치 않았다. 밤중에야 간신히 문자 메시지로 연결이 되었다.

> "선생님! 미안해하지 마십시오. 마침 주천강가 형제봉 스케치 가는 길에 문득 예고도 없이 들른 겁니다. 호젓한 산골 집이 좋았습니다. 집고양이란 녀석이 선생님을 대신한 듯 주인처럼 무척 반겨줬습니다. 봄볕이 좋은 날 언제 다시 불쑥 들르겠습니다. 조하정 올림"

나는 이즈음 울도 담도 없는 집에서 살고 있다. 서울에서도 30년 넘게 산동네에서 대문도 없이 마음 편케 살았다. 앞으로 내 인생이 어떻게 마무리될지 모르지만 이제까지 대문도 없이 마음 편히 산 나는 분명 축복받은 인생이다.

(09. 11.)

미르의 고국에 가다

 그동안 여러 날 답사와 집필을 겸했던 호남의병 전적지 답사가 마침내 끝났다. 그러자 우리나라 근현대사에서 가장 뛰어난 안중근 의사의 자취를 뒤쫓고 싶은 충동이 불같이 일어났다. 그분에 대한 평가는 남과 북도 없고, 좌와 우도 없다. 2009년 10월 26일은 안 의사 의거 꼭 100주년 기념일이다. 기왕이면 하얼빈역 플랫폼 의거 현장에서 그날 그 순간을 맞고 싶었다. 그리하여 서울 남산 안중근기념관장님을 찾아뵙고 연해주 일대의 아는 분을 소개받아 국제전화와 이메일로 일정을 조율하고, 중국과 러시아 비자를 받는 데 열흘 이상이나 걸렸다. 그러자 의거일에 하얼빈역 플랫폼 답사는 도저히 맞출 수가 없었다. 그 차선책으로 안 의사 의거일인 10월 26일에 출발키로 하고, 그날 속초항에서 러시아 자루비노행 동춘호에 올랐다.

답사 사흘째인 10월 28일은 러시아 블라디보스토크에 가서 일백 년 전 한인 집단 거주지였던 신한촌을 둘러보았다. 그때 거리에서 휙 쏜살같이 지나가는 고양이를 살펴보니 꼭 내 집 미르와 비슷했다. 그 이틀 뒤 블라디보스토크에서 열차로 하얼빈에 가는 도중 우수리스크역 선로 위에서 하룻밤을 묵을 때다. 이른 아침 우수리스크역 앞에서 만난 고양이도 영락없는 내 집 미르였다. 하지만 그 순간 카메라 촬영 준비가 안 돼 미처 그 이미지를 그만 놓쳤다.

 아무튼 안중근 의사 의거 100주년 기념으로 그분의 이승 마지막 발자취 160여 일을 곧이곧대로 뒤쫓았다. 100년 전 교통기관과 당시 안 의사 여정 그대로 쫓는 답사는 매우 고생스러웠지만 그에 비례해 무척 감동적이었다.

 아흐레 동안 답사를 모두 마친 뒤 안흥 집으로 돌아왔다. 그러자 미르가 무척이나 반겨 맞았다. 그는 내게 안겨 재롱을 한껏 부린 뒤 여행가방 주위를 맴돌며 빤히 쳐다봤다. 아마도 내 답사여행 이야기를 매우 듣고 싶은 모양이었다.

"미르! 아빠는 이제 '죽어도 좋아'."
"네에, 죽어도 좋다고요?"

미르가 눈을 동그랗게 뜨고서 반문했다.

"그럼, 나라의 원수를 혼자 통쾌하게 처단한 영웅 안중근 의사의 마지막 발자취를 그대로 밟았으니 대한의 작가로서 그보다 더 영광스러운 일이 어디 있겠니?"

"좀 차근차근 자세히 들려주세요."

"아니다. 그런 얘기는 함부로 할 수 없단다. 먼저 목욕을 한 다음, 매화산 신령님에게 고유를 올린 뒤 머리말이라도 쓴 다음, 너에게 들려줄게."

"잘 알았습니다. 아빠! 그날을 기다릴게요."

답사여행에서 돌아온 그 이듬해 정초, 전재 너머 코레스코 목욕탕에 다녀온 후 내 글방에서 『영웅 안중근』 기필의 예를 드린 다음, 곧장 머리말 '죽어도 좋아'를 써 내려갔다.

하얼빈행 열차가 아무르만을 끼고 북녘으로 달리자 왼편 차창으로는 일대 장관이 펼쳐졌다. 아무르강 수평선으로 지는 해가 강물을 붉게 물들이고 있었다. 열차 뒤로는 곧게 뻗은 두 줄기 시베리아 철도가 줄곧 뒤따랐다.

어디선가 '체첸의 비애'가 담긴 러시아의 민요 〈백학〉이 들려오는 듯했다. 잃어버린 나라를 찾기 위해 싸우다 죽

은 전사를 찬미하는 이 노래에서는 약소민의 아픔이 물씬 묻어난다. 가사 중에는 '돌아오지 않은 병사'라는 노랫말이 있다. 꼭 일백 년 전 하얼빈행 열차를 타고 이 철길을 달렸던 안중근 의사도 끝내 '돌아오지 않은 대한의군'이 아니었던가. 갑자기 차창에 비가 뿌렸다. 바깥 언저리가 금세 어두워졌다. 그러자 열차 밖 풍경은 보이지 않고 차창에는 내 얼굴이 점차 뚜렷해졌다.

늘그막에 잃어버린 나라를 찾겠다고 목숨을 지푸라기처럼 버린 한 영웅의 마지막 발자취를 찾아가는 나는 무척 행복한 사람이라는 생각이 들었다. 문득 이번 답사 중에 죽어도 조금도 억울치 않다는 생각도 들었다. 그 순간 나는 '죽어도 좋아'라는 말이 퍼뜩 떠올랐다.

그리하여 나는 아흐레 동안 우리나라 근현대사에서 가장 위대한 애국자요, 영웅인 안중근 의사가 마지막 가신 그 길을 그대로 뒤쫓았다. 그러면서 안중근 의사 유적을 카메라에 부지런히 담은 뒤, 귀가하여 강원 산골마을에서 의사의 행장을 무딘 붓으로 휘두르고자 한다. 대한의 작가로서 더 이상 영광이 어디 있겠는가. 그야말로 공자님이 말씀한 "아침에 도를 깨치면 저녁에 죽어도 좋다"의 심정이다.

"아빠! '머리말'이 아주 근사해요."

"아쭈! 네가 추임새를 다 넣네."

"칭찬은 고래까지도 춤추게 한대요. 아빠가 들르셨다는 그 블라디보스토크라는 곳이 제 고향이에요. 제가 어렸을 때 한국인 2세 보따리상 아줌마에게 팔려 쥐덫과 같은 철망에 갇힌 채 아빠가 타셨다는 그 동춘호라는 배를 밤새 타고 속초항으로 와서 다시 몇 사람을 거친 후 서울 형에게 인계됐지요."

"그랬니? 아빠는 '죽어도 좋아'라고 할 만큼 멋진 답사여행이었다."

"거기서 찍은 사진 좀 보여주세요."

"알았다. 아마도 300컷 넘게 많이 찍었단다. 곧 정리를 한 뒤에 보여줄게."

"야아! 신난다. 내 고향 산천을 다시 볼 수 있다니…."

미르는 신이 난 양, 제자리에서 깡충 뛰다가 내 곁으로 다가와 제 몸을 비벼댔다. (10. 1.)

빨간 옷을 입은 미르

그새 6년 남짓 강원도 안흥 산골마을 생활을 하자 점차 모든 게 익숙해졌다. 그 무렵 아내가 자주 한 말이다. '사람은 나이가 들수록 큰 병원 가까운 도시에 살아야 한다'고. 그런 가운데 어느 하루 아내는 가까운 원주 시내의 한 아파트로 이사를 했으면 좋겠다고 내 의사를 타진했다. 하지만 나는 그대로 산골마을에 남아 혼자 살겠다고 버텼다. 그러자 아내는 나에게 '간 큰 남자'란다. 결국 나는 아내의 권유를 받아들여 안중근 유적지 답사 후에 원주로 이사하자는 그 제의를 받아들였다.

그런데 안흥 산골 집에서 대도시 원주로 이사를 앞두고 가장 고민스러운 점은 미르의 거처 문제였다. 그동안 바깥에서 기르던 미르를 원주 아파트로 이사가면 다시 집안에 가둬 길러야 하기 때문이었다. 애초부터 그를 내내 실내에 가둬 길렀다면 별 문제가 없었으련만 지난 3년 남짓 바깥에서 한껏 자유롭게 살던 녀석이 다시 실내 생활에 적응할지가 염려스러웠다. 게다가 미르를 실내로 끌어들이면 그의 몸에서 무시로 날리는 털과 변 냄새뿐만 아니라 그즈음은 아파트에서 반려동물을 기르지 못하게 권장을 하고 있기 때문에 그 점도 문제였다.

그래서 우리 부부는 횡성에 사는 여러 지인 가운데 어느 한 분에게 미르를 맡기고 이따금 그를 만나는 방향으로 생각을 바꿨다. 그런 가운데 안흥 집에 이전 옛 주인이 다시 이사를 온다기에 그분에게 미르를 맡기면 저는 사람만 낯설지 제가 살던 곳이기에 스트레스를 덜 받을 것 같아 부탁해볼 셈이었다. 아마도 안흥 집은 집쥐가 많은 곳이기에 전 주인도 흔쾌히 승낙하기에 편케 지냈다.

그런데 이사를 한 달 앞둔 어느 날 내 글방에서 노트북 자판을 부지런히 두드리고 있는데 집 뒤꼍에서 미르의 날카로운 비명이 들렸다. 그 소리에 놀라 밖으로 튀어 나갔더니 아내가 안방에서 먼저 달려 나와 미르를 안고 다리의 상처를 살피고 있었다. 미르를 죽어라고 물고 늘어졌던 검은 토종 고양이 네로란 놈은 나를 보고는 잽싸게 집 앞 노 씨

네 배추밭을 넘어 달아나고 있었다. 나는 돌멩이를 주워 들고 "네, 이놈! 다시는 내 집에 오지 말라"며 그놈을 향해 냅다 던졌다. 하지만 그놈은 '용용 죽겠지, 나 잡아 봐라' 하는 듯 유유히 도망을 갔다.

미르와 네로는 둘 다 수컷으로 아마도 암컷 묘순이를 사이에 둔 연적 관계인 양, 미르는 그놈에게 그동안 여러 번 물렸다. 그러나 그동안 상처는 그리 대단찮았다. 하지만 이번에는 미르의 넓적다리 부분이 크게 물려 피가 많이 흘러내렸다. 우리 내외는 곧장 미르를 아내의 승용차에 태워 이전에 치료를 받은 적이 있는 원주 태장동의 한 동물(삼성)병원으로 데려갔다.

동물병원 김 수의사는 미르가 매우 심하게 물렸다면서 마취제를 놓고 상처 부위를 네댓 바늘이나 꿰매는 수술까지 했다. 그러고는 미르가 상처를 자기 혀로 핥지 못하게 넥 칼라(Neck-collar, 플라스틱으로 만든 목깃)를 씌워주었다. 그날부터 사흘꼴로 대여섯 차례 더 통원 치료를 하자 미르의 다리 상처는 아물어 갔다. 어느 하루 그의 목덜미를 살피자 그곳에 미처 발견치 못한 또 다른 더 깊은 상처가 있었다. 다시 동물병원에 다니면서 그곳을 집중 치료했다.

미르는 그날부터 제집인 심야전기 보일러실에서 하루 종일 갇혀 지내는 신세가 되었다. 우리 부부는 미르를 이대로 안흥 말무더미마을에 두고 원주 아파트로 우리만 갈 수 없다는 결론에 이르렀다. 미르도 처음에는 실내생활이 답답한 나머지 절름거리며 밖에 나가려고 몸부림을 치다가도 검은 고양이 네로가 또 저를 공격하려고 이따금 제 언저리를 살피는 줄 알았는지, 그날부터는 더 이상 보채지 않고 보일러실에 갇혀 잘 지냈다.

어느 하루 이른 아침, 보일러실로 가자 미르가 엄청 반겼다. 그는 자기 방에서 일어나 창가로 다가왔다.

"미르! 괜찮니?"

"예. 아빠!"

그는 주둥이로 내 손을 핥으며 반가워했다.

"아빠? 안중근 의사 책 잘 나가요?"

"응, 출판사 대표님이 다른 책보다 훨씬 더 잘 나간다고 하네."

"다행입니다."

"글쎄다. 저자로서 진정을 다해 썼기에 그러나 보다. 특히 하얼빈 플랫폼에서 안중근 의사가 나라의 원수 이토 히로부미를 향하여 권총 방아쇠를 당길 때는 나도 먼저 그런 기회를 준 하느님에게 감사의 기도를 드린 뒤, 이토 히로부미 가슴을 향해 정조준을 하여 방아쇠를 당기듯이 썼단다. 그 책 제목을 한 친구의 조언에 따라 『영웅 안중근』으로 정한 뒤 책을 펴냈다. 그러자 독자들이 제목도 좋고, 특히 하얼빈 플랫폼에서 이토 히로부미를 저격하는 그 장면이 매우 좋았다고 하더구나. 출판사 측의 얘기에 따르면, 경기도 안성 미리내마을의 한 신부님은 내 책을 읽은 소감을 단 한 마디로 '안 토머스(안중근 의사 세례명)가 부활한 모습을 보았다'고 격찬하시면서, 두 차례에 걸쳐 책을 자그마치 1천 부 넘게 사주셨단다."

"아빠! 정말 감사한 일이에요."

"안중근 의사의 독립정신이 위대한 탓일 테지."

"그런 탓도 있었을 테지만 독자들이 100년 전 그 옛 길을 그 시절 교통기관을 이용해 곧이곧대로 답사한 작가의 성실성에 탄복한 이유도 있을 거예요."

"아쭈! 네가 추임새까지 다 넣는구나."

안흥 산골마을에서 원주로 이사하는 날, 미르도 제 짐(밥그릇, 급식기, 화장실 따위)을 승용차에 싣고 우리 부부와 함께 원주 아파트로 거처를 옮겼다. 미르는 아파트로 이사를 온 뒤에도 목덜미 상처가 미처 다 낫지 않아 한 달 남짓 태장동 삼성동물병원에 계속 통원 치료를 했다. 약을 잘 먹지 않아 그때마다 우리 부부는 미르와 씨름을 했다.

한 달 남짓 끌었던 미르의 목 상처는 김 수의사의 극진한 치료로 점차 호전돼 갔다. 그런데 그 녀석과 한 아파트 실내에서 함께 사는 게 큰 문제였다. 동물병원을 여러 날 다니면서 살펴보니까 병원 간호사들이 애완용 개의 털을 전기 바리캉으로 깎아주고 있었다. 우리 미르도 그들처럼 털을 바짝 깎아주면 털이 훨씬 덜 날리겠다는 생각이 들었다. 게다가 수의사도, 간호사도, 그렇게 하는 집이 많다며 권유했다.

얼마 후 미르의 목 상처가 아문 뒤 미용사에게 미르의 털을 깎아 달라고 부탁하자 두어 시간 뒤에 데리러 오라고 하였다. 고양이는 털 깎는데 매우 민감하여 그대로 깎으면 저도, 미용사도, 상처가 난다고 하면서 마취를 시킨 뒤 털을 깎아야 한다고 했다. 나는 미르가 마취하고 털 깎는 걸 쳐다보는 것이 애처로워 그를 미용사에 맡긴 뒤 집으로 돌아

왔다. 세 시간이 지난 뒤 동물병원으로 갔더니 미르가 그새 알몸이 되어 난로 곁에서 부들부들 떨고 있었다. 미르는 나를 보자 반가워 내 품 속으로 파고들었다, 나는 그 녀석을 안고서 병원 안 매장에서 털옷을 한 벌 사 입혔다. 기왕이면 예쁜 빨간 옷으로.

집에 돌아온 뒤 아파트 거실에 내려놓자 그 녀석은 제 옷이 매우 거북한 양 계속 물어뜯거나 혀로 핥았다. 그 녀석이 그런 짓을 되풀이하자 간신히 나은 목의 상처가 다시 덧나기 시작했다.

나는 하는 수 없이 그의 옷을 벗기고 다시 통원 치료를 하면서 실내 온도를 높여주자 그제서야 원기를 찾았다. 하지만 미르는 제 몸을 감싼 부드러운 털코트를 벗길 때 그 썰렁함이 얼마나 심했으랴. 그때 아내는 딸아이가 공부하고 있는 해외에 출타 중이라 그 녀석과 나, 오래도록 단둘이서 지내자 틈만 보이면 내 품에 달려들어 내복 속 내 몸에다 제 알몸을 마구 비볐다. 그 순간 그렇게 따뜻할 수가 없었다.

이사 후 이듬해 정초는 몹시 추웠다. 일백 년 만의 강설에 따른 추위라고 매스컴에서 온통 야단이었다. 미르, 그 녀석도 알몸으로 며칠 지내다가 계속 실내 온도를 더 이상 높일 수 없어 옷을 다시 입혀주자 올겨울 추위에는 별 수 없는 듯, 그도 그때부터는 빨간 옷을 잘 입고 지냈다.

엊그제 볕이 좋은 날 커튼을 열어젖힌 뒤 창문을 열고 미르를 데려와 바깥세상을 구경시켜 주었다. 그 녀석은 감히 바깥으로 뛰어내릴 생각을 하지 않았다. 그 녀석도 지금의 제 위치가 지상에서 매우 높은 줄, 바깥세상은 매우 추운 줄 아는 모양이었다.

미르, 너와 나 피차 남은 삶이 순탄하기를 기도하자. 산도 오르내릴 때, 하산이 더 위험하다고 한다. 사람의 인생도, 고양이의 묘생도 마찬가지가 아니겠는가. (10. 3.)

제4장
영원한 것은 없다

회자정리

 나는 지난날 학생들에게 '회자정리(會者定離, 만난 사람은 반드시 헤어짐)' '거자필반(去者必返, 헤어진 사람은 반드시 만남)'이라는 고사성어를 가르쳤다. 이는 곧 '만남과 헤어짐이 덧없이 반복된다는 말'이다. 하지만 그 말을 뼈저리게 느끼게 된 것은 아버지 어머니가 어느 날 갑자기 다시 만날 수 없는 먼 길을 그렇게 허망하게 떠난 뒤였다. 그리고 누이동생이 "오빠, 나 죽으면 추울 것 같아. 옷을 입은 채 그대로 무덤에 묻어줘요"라고 말한 다음, 영원히 저세상으로 떠나기도 했다. 또 고교 때 단짝 친구가 젊은 나이에 뉴욕 허드슨 강변의 제비꽃 뿌리 근처에 한 줌 흙으로 묻힌 현장을 봤고, 어린 제자가 저승으로 떠난 것을 본 뒤, 나는 그제야 '생자필멸(生者必滅, 생명이 있는 자는 반드시 죽음)'을 뼈속 깊이 체득하게 되었다. 이는 그 누구도 피할 수 없는 숙명이다.

 나도 별수 없이 나이가 들수록 병원에 드나드는 일이 잦아졌다. 해가 지날수록 나는 종합병원 각 과를 드나들게 됐다. 그러자 어느 날, 아내가 "우리 이제 안흥 산골생활을 접고 대학종합병원이 있는 원주시내 아파트로 이사 갑시다"라는 말을 꺼냈다. 그때 나는 마침내 올 것이 왔다는 충격과 함께 그 첫 마디로 "미르는?" 하고 되물었다. 순간 퍼뜩 그 녀석과도 헤어질 때가 다가왔다는 것을 직감했다. 그동안 바깥세상에서 자유를 만끽하던 그 녀석을 다시 실내에 가둘 수는 없었기 때문이다.

 애초 우리 부부는 제 생활에 익은 안흥 산골 그 집에 떨어뜨려 놓고 오려고 이사 올 분에게 미르를 부탁했다. 그러자 이사 올 분도 흔쾌히 승낙했다. 하지만 그 녀석은 우리 부부와 인연의 끈이 더 남았는지 하필이면 이사 예정일 보름 전, 산골마을의 길고양이 네로에게 된통 물려 원주의 한 동물병원에 여러 날 통원 치료케 되었다.

 이사 직전, 상처는 아물었지만 도저히 그 녀석을 안흥 산골마을에 그대로 떨어뜨려 놓고 올 수가 없었다. 검은 고양이 네로란 놈은 그 무렵 날마다 연적인 미르를 아주 죽이고자 수시로 공격해 왔기 때문이었다. 우리 내외는 하는 수 없이 미르를 원주 아파트로 데리고 왔다. 하지만 그동안 바깥세상에서 맘대로 자유를 즐기면서 뛰놀다가 다시 실내에 갇히게 되자 그는 이전보다 더욱 몸부림을 쳤다. 마치 자유를 맛본 이가 부자유를 견딜 수 없는 것처럼. 하지만 그때는 날씨도 추운 데다가 그 녀석이 바깥을 내다보니 고층(10층)이니까 곧 체념한 듯, 긴 겨울을 실내에서 그렁저렁 함께 살았다.

겨울이 지나고 날씨가 점차 풀리자 미르는 다시 바깥세상이 그리운 모양이었다. 그는 날마다 아파트 창가에서 하염없이 밖을 내다보거나 때때로 저를 다시 자유롭게 해 달라고 나만 보면 마냥 보채며 칭얼거렸다. 그때마다 아파트 이웃들에게 몹시 미안했다. 하지만 그 녀석이 그 사정까지야 어찌 헤아리겠는가. 우리 부부는 봄이 되면 좋은 집사를 구해서 저를 다시 해방시켜 주기로 작정했다. 한편으로 집사를 물색하는데 그게 그리 쉽지 않았다.

올해 봄은 일기도 불순하고 날씨도 좀체 풀리지 않다가 4월 하순에야 비로소 완연한 봄 날씨가 되었다. 평소 마음

속에 점지해 두었던 황산마을의 조 화백 화실을 찾아가 미르를 부탁했다. 그러자 조 화백은 자기는 좋은데, 원주기독병원 수간호사로 있는 부인이 어떨지 모르겠다고 하기에, 그럼, 부인과 상의한 뒤 그 가부를 알려 달라고 말했다. 다행히 이튿날 조 화백은 부인을 잘 설득하여, 승낙을 받았다고 하기에 미르를 사흘 뒤에 보내기로 약속했다.

막상 미르를 떠나보낼 날을 받아두자 그때부터 뱃사공에게 공양미 삼백 석에 딸을 판 심청 아비 모양으로 마음이 편치 않았다. 그 녀석을 마주 쳐다보기조차도 민망할 뿐 아니라 여간 죄스럽지 않았다. 저도 그런 낌새를 알아챘는지 그때부터는 집안에서 울거나 보채지도 않은 채 얌전히 지냈다. 이대로 키울 걸 괜히 조 화백에게 부탁했다는 후회가 들기도 했다. 그러다가 어떻게 하는 게 미르를 진정으로 더 위하는 것인지 곰곰 생각해보았다. 결론은 우리가 그에게 이전처럼 자유로운 바깥 생활을 누리게 해줄 수는 없었다. 이대로 계속 아파트에 가둬 기르는 것보다는 여건이 좋은 조 화백 댁으로 보내는 것이 피차 덜 상처받는 '아름답고 행복한 이별'이란 생각이 들었다. 사람도 드나들 때마다 출입문 버튼을 눌러야 하는 아파트는 그에게 감옥이나 다름이 없을 거다.

사실 그동안 나보다 아내가 미르를 더 지극 정성으로 돌봤다. 아내는 그날이 결정되자 미리 동물병원에 데려가서 예방주사도 맞히고 구충제도 먹였다. 그리고 떠나기 전날은 펫 가게에 가서 새 방석과 새 침구를 마련해주는 등, 시집보내는 딸의 혼수처럼 이것저것 알뜰히 챙겼다. 그리고 미리 제 밥과 화장실에 깔 모래도 넉넉히 여러 개 주문하여 지참케 했다. 그동안 써오던 미르의 이런저런 짐들을 차곡차곡 정리했다. 그런 뒤 우리 부부는 함께 미르의 마지막 목욕을 시켰다. 그날 밤 나는 목욕이 끝난 녀석을 내 방으로 데리고 와 서로 눈을 맞추며 이별연습을 했다.

"미르, 너를 끝까지 지켜주지 못해 정말 미안하다."

나는 눈으로 그에게 사죄하며 두 손을 비비며 빌었다. 이심전심이었는지 그 순간 그 녀석의 눈가도 젖었다. 사람은 나이가 들수록 점차 제 뜻대로 살기도, 자기조차도 간수하기 힘들지 않는가. 자기가 감당못할 일은 미리 하나하나 스스로 정리하는 게 정답일 것이다.

미르는 아들이 2005년 2월에 내 집에 데려와서 2010년

5월에 떠나게 되니 꼬박 5년 남짓 함께 살았다. 긴 세월로 볼 때는 5년의 세월은 짧을지라도 20세 안팎의 고양이 평균수명으로 볼 때는 결코 짧지 않을 것이다. 이날따라 미르는 새 방석에서 얌전히 포즈를 취해줬다. 나는 그의 모습을 카메라에 담았다. 그 이미지들을 내 컴퓨터에 담아 두고 그가 생각날 때마다 두고두고 열어 보고자함이었다.

5월 4일, 마침내 미르가 황산마을 조 화백 집으로 떠나는 날이었다. 미르의 짐은 쏠쏠했다. 승용차 뒤 트렁크가 가득 찼다. 아내 차에 미르를 태워 셋이 함께 떠나는데 그는 자기가 내 집을 영 떠나는 줄 이미 알았는지 황산마을로 가는 동안 내내 마구 울부짖었다. 우리 내외는 너를 더 좋은 집으로 데려다준다고 계속 달랬다. 하지만 미르는 막무가내로 줄곧 울기만 했다. 원주에서 귀래면으로 가는 길에는 신록이 싱그럽고 복사꽃을 비롯한 여러 꽃들이 산과 들에 야단스럽게 피는 무릉도원으로 봄이 한창 무르익고 있었다.

미륵산 기슭 황산마을 조 화백의 하정화숙 뜰에도 봄꽃들이 화사했다. 미르를 조 화백 집마당에 내려놓았다. 그러자 미르는 처음에는 겁을 먹은 양 땅바닥에 슬슬 기었다. 하지만 곧 그제부터는 그곳이 제집인 줄 직감으로 알아차

렸는지 새로운 호기심으로 온 집안을 쏘다니며 구석구석 두루 살폈다. 그제부터 그 녀석은 그곳이 자기가 살 터전임을 육감으로 알아차리고는 마치 이사 온 새 주인마냥 집안 구석구석을 샅샅이 살폈다.

조 화백은 그새 미르를 위해 손수 집까지 예쁘게 지어놓고 기다리고 있었다. 조 화백은 반가운 얼굴로 미르를 안고는 첫 상견례를 했다. 미르는 새 집사와의 인연을 담담히 받아들인 듯, 조 화백에게 "야옹! 야옹!" 안녕하세요란 인사를 했다. 그러고는 우리 내외를 쓱 한번 쳐다봤다.

"엄마, 아빠! 저에게 다시 자유를 주셔서 고맙습니다. 저는 여기 남아 잘 살아갈 테니 제 걱정 마시고 엄마 아빠 안녕히, 편안한 마음으로 돌아가세요."

그의 담담한 표정에서 그동안 우리 내외가 지녔던 미안함과 그를 일방으로 파양했다는 죄의식도 좀 수그러들었다. 우리 내외의 염려가 한낱 기우인 양, 다행히 미르는 새 환경에 잘 적응하는 듯했다. 그동안 원주 아파트에 갇혀 살면서 무척 갑갑했을 것이다. 미르는 이제 다시 대지를 밟으며 바깥세상에서 멧새들의 노래를 듣고, 언저리 쥐들을 혼내주며 뭇 생명체들과 더불어 자유를 마음껏 즐기면서 남은 묘생을 살아가리라. 나는 저를 데려다줄 때의 염려와는 달리, 저를 두고 떠나올 때 마음은 한결 가벼웠다.

미르, 너의 새 집사는 마음씨 좋은 털보 화가다. 네가 잠들면 너의 모습을 캔버스에 아름답게 담아줄 것이다. 그분 내외는 우리 부부 이상으로 너를 잘 보호해줄 것이다. 너는 새로운 좋은 집사와 인연을 맺었다. 이 밤, 아빠는 너의 남은 묘생이 평온하기를 빈다. 새 집에서 첫날밤 좋은 꿈꾸어라. 그동안 너를 '사랑했다'는 말은 차마 못하겠구나. 다시 만날 때까지 안녕! (10. 5.)

영원한 것은 없다

안녕 미르!

네가 황산마을로 간 지 벌써 두 달이 지났구나. 나는 숙면을 하는 습관이라 여간해서는 꿈도 잘 꾸지 않는다. 그런데 엊그제는 네가 꿈결에 뚜렷이 보이더구나. 이튿날 혹시 너에게 무슨 일이 있나 걱정이 되어 조 화백에게 전화를 하자, 너는 아주 잘 지내고 있다는 소식에 안심했다. 마음 같아서는 당장 너에게 달려가고 싶었다. 하지만 아내가 "이제 미르가 마음을 잡고 새 삶의 터전에서 새 집사와 정을 붙이려는데 당신이 불쑥 나타나 다시 미르의 마음을 흩뜨려 놓을 거요" 하기에, 너를 보고 싶은 마음을 꾹 참고 지낸단다. 때때로 나는 네가 몹시 보고 싶을 때는 노트북에 담겨진 너의 사진들을 모니터에 하나하나 띄운 후 지난 추억에 젖어 지낸단다.

일찍이 중국 당나라 때 시인 두보는 늘그막에 '춘망(春望)'이라는 시에서 "꽃을 보고도 눈물을 흘리고, 가족과 한스러운 이별로 새의 지저귐에도 마음이 놀란다"고 노래하였다. 요즘 내가 영판 그짝으로 때때로 한밤중에 노트북 속의 네 이미지를 보면서 눈물을 질금거린단다.

지난달 중순, 너를 황산마을에 떨어뜨려 두고 떠나온 지 2주 만에 네가 보고 싶어 황산마을 하정화숙으로 갔을 때다. 내가 네 집 어귀 뜰에서 "미르!" 하고 부르자, 너는 어디선가 후다닥 나타나 반가운 목소리로 "응, 응" 하며 반갑게 대꾸하고는 나에게 전처럼 애무해 달라고 그대로 마당에 벌렁 드러누웠지. 내가 지난날처럼 네 등을 긁어주자 너는 '그렁그렁'거리면서 눈을 감고 마냥 행복해했지.

"아빠, 왜 저를 이곳에 떨어뜨려 두고 갔나요?"

나는 그 물음에 대답을 할 수가 없었다. 어떤 사람은 서로 헤어지면서 "사랑하기 때문에 헤어진다"고 말했다고 하지만, 나는 그런 입에 발린 말로 너를 달래지 않겠다. 다만 이 시점에서는 네게 그렇게 하는 게 가장 좋은 방법이었다. 애초에는 너를 안흥에다 떨어뜨려 놓고 오려고 하였는데,

네가 겪은 바, 그곳 검은 고양이 네로란 놈이 너를 더 이상 가만두지 않을 것 같아 하는 수 없이 원주 아파트로 데려온 것이다.

너에게는 '빵' 못지않게 '자유'도 중요했다. 그러나 너도 살아보았지만 아파트라는 곳은 네게는 감옥이나 다름이 없었을 테다. 그렇다고 아파트에서 너를 안흥 산골에서처럼 놓아서 기를 수도 없거니와, 또 그렇게 했다가는 네가 나들이 갔다가 다시 집으로 찾아올 수도 없었을 것이다. 더욱이 이웃 주민들은 너의 그런 행동을 허락지도, 보고만 있지도 않았을 것이다. 솔직히 너를 떠나보낸 이후, 그동안 내 마음은 편치 않았다. 이런 내 마음을 꿰뚫은 듯 '미르 일기'를 죽 애독하신 독자 한 분이 다음의 댓글을 달았다.

"피차 이전에 충분한 노력과 정성을 다하였다면 그것으로 인연은 다한 것이다."

"아빠! 저도 잘 알아요."
"그래 고맙다, 미르!"
그동안 우리는 서로 최선의 노력과 정성을 다하며 살았다. 이 세상에 영원한 것은 없단다. 우리가 이제 다시 만난다 해도, 또 언젠가는 헤어질 수밖에 없는 게 이 세상의 이치란다. 우리는 피차 이 세상에서의 인연이 다한 때라고 그 사실을 인정하면서 지난 추억을 아름답게 기억하며 남은 날을 담담히 살자. 그러면서 언젠가 많은 세월이 흐른 뒤, 아니 저세상에서 우리의 인연이 다시 이어질 수 있도록 기도하자. 이렇게 담담히 현실에 충실하며 피차 사는 게 가장 현명한 사람의 인생이자, 너의 묘생(猫生)일 것이다.

미르! 너와 더불어 산 5년여 동안 이런저런 추억들이 주마등처럼 떠오르는구나. 그 숱한 추억들 가운데 지난해 겨울, 엄마가 인도네시아에서 공부하는 누나한테 가고, 너와 나만 지내던 어느 날 밤. 내가 목욕탕 가는 길에 교통사고를 당하고 구급차로 병원에 실려가 응급치료를 받을 때였다. 내가 미처 너의 저녁밥을 주지 않고 사고를 당했지. 그래서 의사와 보험사 직원의 강권에도 입원치 않고 그대로 집으로 돌아왔을 때다.

나는 그날 붕대를 칭칭 감은 채 집으로 돌아왔다. 네가 그런 사정을 지레 알고 있었다는 듯, 현관에서 펄쩍 뛰어내 품을 파고들던 순간이 지금까지도 가장 아름다운 추억으로 남아 있다. 그때 털을 다 깎은 너의 맨살이 내 가슴과

배에 닿았을 때 그 뜨거운 촉감은 아직도 그대로 남아 있다. 아마도 그 열기가 너의 진정한 마음이었기에 나는 두고두고 잊지 못할 것이다.

미르, 아름다움과 행복은 짧은가 보다. 애초에는 안흥 산골마을에서 너와 한 십여 년 더 살다가 떠나려고 했는데, 예정보다 일찍 떠났다. 뜻대로 되지 않는 게 이 세상사인가 보다. 사실 평범하게 사는 것조차 힘든 게 이 세상살이다. 그래서 한 시인은 "산다는 것은 속으로 이렇게 조용히 울고 있는 것"이라고 노래했나 보다.

미르! 아빠는 너와 함께 살았던 지난 인연에 감사한다. 너와 나의 남은 삶이 평탄하기를 기도드린다.　　　(10. 7.)

지상낙원

 미르! '세월은 흐르는 물과 같다'더니, 네가 내 집을 떠난 지도 벌써 삼 년이 되었구나. 그동안 너를 대여섯 번은 더 만났고, 네가 생각날 때마다 내 손전화에 저장된 너의 집사 조 화백 전화번호를 누르면 그때마다 "선생님, 조금도 걱정 마세요. 미르, 잘 지내고 있어요"라고 네 안부부터 먼저 들려주었다.

 그래도 네가 떠난 지 3년이 되는 날은 너를 만나 실컷 회포를 풀어야겠다 싶어 조 화백과 날짜를 맞춘 결과 오늘(5월 5일)로 정했다. 아빠는 너를 만나는 날 어찌나 설레고 기뻤던지 이른 아침부터 카메라를 점검하고 나들이옷으로 갈아입고는 조 화백을 기다렸다. 나는 지난번처럼 원주 도심에서 시내버스를 타고 귀래 종점에서 내려 택시를 타고 네가 사는 황산마을로 가려고 했다. 그런데 전날 조 화백은 굳이 치악산 밑 내 집까지 자기 승용차로 데리러 오겠단다.

오늘은 올해 들어 가장 화창한 날로 꽃보다 더 아름다운 신록이 온 누리를 뒤덮었구나. 원주 도심에서 귀래면으로 가는 언저리 치악산의 멧부리들이 마치 초록의 병풍을 펼쳐놓은 듯 일대 장관이었다. 원주에서 충주로 가는 19번 국도가 그새 직선으로 개통되어 새 길을 씽씽 달렸다. 이전에는 원주 도심에서 귀래면으로 가자면 연세대 원주 캠퍼스를 지나 매지리 고개를 넘어 꼬불꼬불 돌아갔는데 이제는 거의 일직선으로 고속도로처럼 변해 있었다. 운전대를 잡은 조 화백은 국도 옆에 야생동물 보호펜스를 만들어놓지 않아 아무래도 고라니나 멧돼지 등, 산짐승들이 자동차와 부딪치겠다고 국도 건설 관계자를 나무랐다.

사람들은 자기네들만 편코자 온 나라에 거미줄처럼 가로세로 새 길을 만들고, 이즈음에는 산골 오솔길까지도 거의 포장을 하여 자동차, 트랙터, 경운기를 마구 몰고 다닌다. 그러다보니까 큰 짐승은 물론, 뱀이나 개구리 같은 파충류나 양서류조차도 마음대로 길을 건널 수 없는 교통사고 무방비지대가 되었단다.

조 화백은 네가 교통사고를 당할까 그 점을 가장 염려했다. 미르, 지금 네가 사는 귀래의 황산마을은 그전 아빠와 함께 살았던 안흥 말무더미마을보다는 교통사고 위험이 덜 하다만 그래도 늘 차조심해라. 너는 동작도 날래고 시청각도 예민하여 다소 안심은 된다마는 사고는 오히려 자만하는 자가 더 잘 당한단다.

사람들은 더 행복하고자, 더 편하게 살고자, 자꾸만 새로운 문명을 개발하는데, 오히려 그 반대로 새 문명이 발달할수록 사람들은 더 불행해지고, 더 살아가기가 힘들다고 아우성이다. 앞으로는 사람만 힘든 게 아니라 덩달아 동물들까지, 아니 식물들까지도 더욱 살아가기 힘들어질 조짐을 보이고 있다.

지난해에는 '구제역' 때문에 전국의 소, 돼지 수백만 마리가 산 채로 생매장을 당했다. 또 이웃 나라 일본에는 쓰나미로 원전사고가 나서 사람이 쉬 접근할 수 없는 죽음의 고장이 생겼다. 지구촌 곳곳에서 사람들이 에너지를 낭비하고 온 산과 들, 바다를 마구 후벼 파거나 들쑤시니까 어찌 지구인들 몸살이 나지 않을 것이며, 그러한 스트레스로 뒤틀림이 일어나지 않겠느냐?

나는 이전처럼 귀래 농협 하나로마트에서 네가 좋아하

는 딸기 바이오거트를 찾아도 보이지 않았다. 직원에게 물었더니 연휴에 어린이날, 다가오는 어버이날로 이미 다 나갔다고 하여, 대신 야쿠르트 한 묶음을 샀다. 네 입맛에 어떨지 모르겠다.

이윽고 네가 사는 하정화숙 뜰에서 나는 오랜만에 "미르, 미르!" 하고 큰소리로 너를 불렀다. 조 화백은 아마 네가 자고 있을 거라고 했다. 내가 네 집마당에 이르자 너는 잠결에도 내 목소리를 알아듣고 후딱 뛰쳐나와 반기며 옛날처럼 마당에 벌렁 드러눕고는 내 애무를 기다렸다. 내가 손으로 등과 배를 긁어주자 너는 지난날처럼 '그렁그렁' 소리를 내며 행복해했다.

나는 너를 품에 안고서 언젠가 다시 너와 함께 살 그날을 꿈꾸었다. 앞으로 여건이 허락되면 안흥 말무더미마을 같은 산골에다 자그마한 오두막집을 짓고 아침저녁 아궁이 군불을 때고는 여남은 평 되는 텃밭을 가꾸며 양지바른 곳에서 너랑 도란도란 이런저런 이야기를 나누는….

그러나 이건 어디까지나 꿈이라는 걸 곧 깨달았다. 사실 늙는다는 것은 곧 낡아간다는 것으로, 이즈음 내 몸의 각 부분에는 빨간 불이 켜지고 있다. 나는 이제 점차 내 한 몸도 주체할 수 없는 나이로 접어들고 있다.

  이즈음 나는 내 몸에서 일어나는 이런 변화를 담담이 받아들이며 자연의 섭리에 순응하며 지내고 있다. 그리고 요즘 나는 그런 오두막집을 지을 형편도 되지 않거니와 그새 일 년 남짓한 기간 동안 벌써 아파트 생활의 편리함에 길들여진 습성이 곧 산골생활의 불편함에 거부반응을 일으킬 것이다.

  "미르는 클래식을 더 좋아해요. 음악이 흘러나오면 걔는 더 편안해하거나 의자에서 그렁그렁 코까지 골며 잠을 자요."

  조 화백은 너를 위해, 하정화숙에 찾아오는 멧새를 위해, 자신의 영감을 위해, 늘 클래식 음악을 틀어놓고 있었다. 사실 이제 나는 조 화백만큼 너를 잘 거둘 수가 없단다.

  미르, 지금 네가 살고 있는 그곳이 너에게는 지상낙원으로 가장 살기 좋은 곳이요, 너는 가장 좋은 새 집사의 보살핌 속에 살고 있단다.

  너는 내 품에서 벗어나자 지난날처럼 반갑다는, 고맙다는 인사로 그 집 기둥을 타고 오르는 재주를 보여주었다.

나는 너의 그 재롱떠는 모습을 지켜보고, 조 화백으로부터 그동안 네가 살아온 이런저런 얘기를 들으면서 잠시 행복한 시간을 보냈다.

행복이라는 시간은 결코 길지 않고 짧다. 나는 그 행복의 시간을 오래 기억하고자 꼭꼭 눈여겨보면서 떠나올 채비를 했다. 편히 쉴 수 있도록 너를 네 집에 다시 넣어주고 "미르, 안녕!" 작별 인사를 하고 떠나왔다.

집에 온 뒤 그날 촬영한 네 사진 파일 이미지를 열어보니까 네 집에서 나와의 석별하는 아픔을 참는 네 모습이 보였다. 그 모습을 바라보는 내 눈에는 이슬이 맺혔다.

미르, "오다가다 옷깃만 스쳐도 전생의 인연이다"라는 말이 있다. 나의 지난 삶을 되새겨보니까 우리는 그동안 그런저런 인연에 따라 살아왔음을 절실히 깨달았다. 내가 고향인 경북 구미를 떠나 서울로, 다시 강원도 안흥 산골마을로, 원주로, 옮아 다니며 산 것도 모두가 그 인연에 따른 것일 게다. 그리고 이생에서 부모를 만나고 아내와 자식, 그리고 군에서 부하 및 학교에서 여러 제자들을 비롯한 숱한 사람들을 만난 것도 다 전생의 인연이 있었기 때문이었다. 아니 사람뿐 아니라 동식물도, 언저리 산수도 마찬가지일 게다.

어느 날 형이 너를 데리고 와서 우리 집 가족이 된 일, 그리고 너와 함께 5년 남짓 새콤달콤하게 함께 살다가 끝내 헤어지게 된 것도 곰곰 생각해보니 전생에 인연이 있었기에 만났고, 이생에서 그 인연의 끈이 떨어지니까 어쩔 수 없이 헤어질 수밖에 없었나 보다.

"있을 때 잘하라"는 말은 만고불변의 진리다. 서로 간 맺은 인연의 끈은 언젠가는 끊어지게 마련이다. 그런데 그 인연의 끈이 이어져 있을 때 서로 최선을 다하면 그 끈이 오랫동안 이어지기도, 설사 끊어졌더라도 다시 이어질 수 있을 것이다. 서로 간 인연의 끈이 떨어지는 것은 나의 잘못일 수도, 상대의 잘못일 수도, 쌍방의 잘못일 수도 있다. 아니 나도, 너도 아닌 서로 어찌할 수 없는 불가항력일 수도, 또 더 나은, 새로운 인연을 만나기 위한 단절(끊어짐)일 수도 있다. 그 인연의 끈이 떨어졌다고 상대를 원망하거나 스스로 학대하는 행위를 하는 것은 현명치 못하다는 것을 새삼 깨닫는 이즈음이다. 이 세상 만물은 그 인연에 따라 살면서 '그때그때 최선을 다하며 사는 게 가장 아름다운 삶'이라는 사실을, 아빠는 미르 너를 만난 이후 터득했음을 고

백한다.

"미르, 우리 다시 만날 그날까지 안녕!" (11. 5.)

수목장

 만세력을 보면 3년에 한 번씩 윤달이 돌아온다. 그래야만 음력과 양력이 맞아떨어지게 마련이다. 예로부터 음력 윤달은 하늘과 땅의 신이 사람들에 대한 감시를 쉬는 한 달로 여겼다. 그리하여 우리나라 사람들은 묘지를 이장을 하거나 집안 노인들의 수의(壽衣)를 마련하는 풍습이 있었다. 나는 어린 시절 엄한 가풍 속에 자랐다. 4대 봉제사는 물론, 조상의 장례는 으레 선산에 모시는 걸로 알았다. 그리하여 그동안 할아버지, 할머니, 아버지, 어머니 네 분을 모두 그곳에 모셨다.

 그런 가운데 항일유적답사로 중국 베이징에서 한 독립운동가를 만났다. 이틀에 걸쳐 당신의 기나 긴 인생 역정을 들려주셨는데 마무리 강조 말씀은 뜻밖에도 장례 이야기였다.

"한국의 장례, 제례, 매장 풍습을 바꿔야 한다. 자신의 육신을 한 줌의 재로 날려버린 저우언라이, 덩샤오핑은 훌륭한 선각자다. 정말로 이 세상과 후손을 위한다면 그렇게 하는 게 옳다. 나는 이미 부모와 처를 모두 화장했고, 나도 화장하라고 일렀다."

1976년 1월 8일, 저우언라이의 장례식 날 유엔본부 국기 게양대에 조기가 펄럭였다. 이에 각국 대표들의 반대 목소리도 있었다. 하지만 당시 유엔 사무총장의 말이다.

"저우언라이는 생전에 한 푼의 저축도 없었다. 그리고 한 명의 자녀도 없었다. 앞으로 어느 나라 원수든 이 두 가지 중, 한 가지만 해도 그의 장례식 날 우리 유엔에서는 조기를 게양할 것이다."

나는 세계에서 가장 넓은 면적을 가진 러시아, 미국, 중국, 그 밖의 여러 나라를 둘러보았다. 하지만 대한민국과 같은 요란한 묘지를 찾아볼 수 없었다. 오래전 미국 방문 때 로스앤젤레스의 한 장묘공원에서 장례식 장면을 지켜봤다. 집전하는 목사님과 검은 상복을 입은 10여 명의 유족이 엄숙하지만 조촐하게 장례를 치르고 있었다.

그 장묘공원의 묘지들은 대부분 한 평 정도 평장으로 묘

비에는 고인의 이름과 출생과 사망년도, 그리고 '가장 사랑하는 아내, 딸, 아들'이라는 말밖에 없었다. 서구에서는 대부분 전직 대통령들의 무덤도 이와 비슷하다고 한다. 그야말로 그들은 죽음 앞에서 지위고하를 막론하고 모두가 똑같다는 세계관을 가지고 있었다. 그네들은 국토 아무 곳에나 묘지를 쓰지는 않았다. 지구상 유독 한국만이 양지바르고 야트막한 곳을 묘지로 사용하고 있다. 내 산, 내 땅이라도 공공의 이익에 알맞게 이용되는 것이 바로 사회정의 아닐까.

천지의 주인, 하느님은 어떤 사람을 좋아할까. 아마도 조용히 이 세상에 왔다가 슬며시 아무런 자취도 남기지 않고 제시간에 떠나는 사람을 좋아할 것이다. 이 세상의 산야는 모든 생명체의 공유물이다. 그곳에 죽은 자를 위해 지나치게 큰 무덤을 만들고, 돌덩이를 갖다놓는 것은 자연을 파괴하는 일로 아마도 천지의 주인으로부터 배척당할 것이다.

티베트 사람들은 죽으면 자신의 육신을 독수리나 까마귀에게 보시하는 조장(鳥葬, 시신을 새가 쪼아 먹게 하는 장례), 또는 천장(天葬, 시신을 새나 짐승들이 먹게 하는 장례)을 한다고 한다. 깊은 윤회의식과 살아생전의 자신 곧, 뭇 인간의 죄에 대한 갚음을 행하는 자연에 대한 높은 경애 의식을 느끼게 했다. 사람은 평생 동안 얼마나 많은 동식물들을 괴롭히며 잡아먹고 마구 채취하였던가. 마지막 가는 길에는 그 되갚음으로 그들의 먹이가 되고 거름이 되는 게 자연으로 돌아가는 바른 죄 닦음이 아닐까.

그런 사실을 뒤늦게 깨달은 나는 곧장 선산에 있는 조상의 묘를 수목장(樹木葬, 시신을 화장한 뒤 나무의 뿌리에 흩음)으로 천장(遷葬, 무덤을 다른 곳으로 옮김)하고 싶었다. 하지만 실천에 옮기기 힘들었다. 아내는 나보다 더 이성적으로 판단했다. 아내는 이미 사후 시신 기증을 했다. 딸 아들도 그런 터라 우리 가족 내에서는 천장에 대한 이견이 없었다. 하지만 나는 집안에서 굳이 "이미 선산에 쓴 묘지까지 천장할 필요가 있는가"라는 이견을 설득하고, 또 "산소 이장은 아무 때나 하는 게 아니다"라는 속설로 때를 기다렸다. 그런 가운데 여행길에 오대산 월정사 지장암 곁의 수목장을 본 뒤, 다음 윤년 윤달에 마침내 조상묘 수목장 이장을 단행했다.

수목장을 마친 뒤 아들에게 유언을 했다.

"내가 죽으면 화장을 하고 그 유해는 조상의 추모목 뿌리에 흩어라. 내 수의는 특별히 마련하지 말고, 평소 입었던 옷을 입혀다오. 장례는 간소하게 치르고 가능한 부의금은 받지 말라."

  아들은 그러겠다고 답했다. 그 대답을 듣자 마음이 편해졌다. (12. 5.)

제5장
산으로 간 미르

마지막 만남

오랜만에 귀래 찻집을 찾은 날이었다. 그날 마침 귀래 찻집 주인의 권고도 있었기에 미르를 만나고 가고자 이전처럼 농협 하나로마트에 들렀다. 미르가 좋아하는 딸기 바이오거트와 요구르트를 각각 한 상자씩 산 뒤 휴대용 가방에 담았다. 그새 해는 미륵산 정상 서너 발 위에 머물고 있었다. 그 길로 택시정류장으로 가려는데, 문득 한 탁발승 도법 스님의 말씀이 떠올랐다.

"귀한 분을 찾아갈 때는 걸어서 가는 게 가장 진정성이 있는 태도입니다."

지난날을 돌이켜보니 꼭 3년 남짓 만에 미르가 사는 하정화숙으로 찾아가는 셈이다. '그래, 걸어서 가자.' 나는 가방을 어깨에 멘 채 그 길을 터벅터벅 걸었다. 시내 버스종점에서 주포리 황산마을로 가는 도로는 잘 포장이 됐고 실개천과 나란히 뻗어 있었다. 때마침 해가 질 무렵이라 서늘한 기운조차 들었다. 곧 땅거미가 지고 하늘은 잠깐 새 저녁놀로 새빨갛게 물들고 있었다. 그 마을로 가는 동안 그 탁발승의 음성이 줄곧 들려오는 듯했다.

"품위 있는 삶이란 나를 낮추고, 나를 비우고, 내 것을 이웃과 나누며, 남을 존중하고, 다른 이를 배려하며, 이 세상 모든 분에게 고마워하며 사는 삶이다."

"나는 누구인가? 나는 어떤 존재인가? 나는 어떻게 살아야 하나? 우리는 이런 물음에 무지합니다. 걸으면 그 답을 구할 수 있습니다."

"현대인은 대부분 정신으로나 육체로나 환자들입니다. 이러한 모든 병은 걸으면 저절로 고쳐집니다. 걸으면 삶이 단순해지고 홀가분해집니다."

그 스님의 말씀을 곱씹으면서 걸어가니까 몸과 마음이 상쾌하고 홀가분해진 기분이었다. 주포리로 이르는 길 어귀에 '황산교'라는 다리가 있다. 그 옆에 버스정류장 표지판과 마을 안내판이 나란히 세워져 있었다. 거기에 이르자 그새 해는 미륵산 정상을 넘었고, 이내(해질 무렵의 흐릿한 기운)가 지상을 안개처럼 덮고 있었다. 그때 내 발길 앞에 뭔가 어른거렸다. 그 물체는 나를 보고 "어어… 어!" 하는 소리를 냈다. 자세히 살피니까 미르, 그가 먼저 나를 알아보고 반갑다고 꼬리를 흔들고 있었다. 나는 발걸음을 멈추고 마침 도로 옆에 있는 간이버스정류장 의자에 앉았다. 그러자 미르는 지난날처럼 펄쩍 뛰어 내 무릎 위로 사뿐이 올라왔다. 그리곤 자기 주둥이를 좌우로 흔들며 내 가슴에 비볐다.

"미르! 반가! 그동안 잘 있었니?"

"네에. 근데 아빠 왜 혼자 오셨어요?"

"…."

잠시 후 그 녀석은 내 눈가를 보고서 시무룩 고개를 숙였다. 그날 나는 검은 정장 차림에 검은색 넥타이를 매고 있었다.

"왜 혼자 오셨어요?"

"나의 아버님은 벌써 하늘나라로 떠나셨고, 엄마는 누나가 공부하고 있는 먼 나라로 갔단다."

"언제요?"

"얼마 전에…."

"형은요?"

"형도 외국에서 잘 지내고 있단다."

"…."

미르는 계속 주둥이로 내 상의를 문지른 뒤 한참 동안 가만히 있었다.

내가 오랜 침묵을 깨트리면서 말했다.

"미르, 무척 보고 싶었다."

"아빠! 저도요."

그는 다시 자기 주둥이로 내 가슴을 문질렀다.

"그동안 귀래까지는 여러 번 왔지만 차마 너를 찾아올 수가 없었다."

"아빠! 그렇게 미안해하지 마세요. 저는 아빠의 배려 덕분에 잘 지내고 있어요. 아빠는 저에게 세상에서 가장 귀한 '자유'를 주셨어요. 아빠랑 원주 아파트에서 계속 같이 살았더라면 우리는 맨날 티격태격 토닥거렸을 거예요. 아빠가 저를 보고자 여러 번 귀래까지 오셨다가 그냥 돌아가신 것도 다 알아요."

"뭐라구? 네가 그걸 어떻게 알고 있니?"

"저희는 사람들만큼 잔머리를 굴리지는 못해도 하느님의 말씀이나 다른 동물들, 그리고 신들의 이야기는 잘 듣고 지내요. 그리고 사람보다 더 멀리도 보기도 하고, 까마득히 먼 곳의 소리도 다 들을 수 있어요. 얼마 전 아빠 아버지가 돌아가신 것도 전해 들었어요. 오늘 저녁도 아빠 오시는 발걸음 소리를 멀리서 다 듣고 예까지 마중 나온 거예요."

"아빠는 미처 몰랐네."

"그뿐 아니라 사람들의 마음도 용케 다 읽어요."

"그래, 잘 알았다. 조 화백님은 집에 계시니?"

"네에."

나는 무릎 위의 미르를 땅에 내려놓으면서 말했다.

"그럼, 어서 가보자."

그 말이 떨어지자 미르는 앞장서서 제집 쪽으로 달려갔다. 주포리 회관을 지나자 곧 하정화숙이 나타났다. 작업실 어귀에서 털보 조 화백이 흰 이빨을 드러낸 채 맞았다.

"저 녀석이 제 이젤 앞에서 포즈를 취하다가 얼른 밖으로 뛰어나가는 걸 보고 집사람 아니면 선생님이 오시는 줄 알았지요. 근데 제 아내는 요즘 병원에 입원 중이라 선생님일 거라 생각했는데, 예상 100퍼센트 적중입니다."

그는 귀래 찻집 주인을 통해 내가 그 찻집을 여러 차례 다녀간 것도 잘 알고 있었다. 그러면서 그 얼마 전에 있었던 얘기를 했다.

"한 달 전쯤, 제 아내가 야근을 하고 돌아오는 날인데 도착 예정 시간이 돼도 귀가치 않아요. 그런데 잠시 후 미르가 앞발로 문짝을 긁기에 나가 보니까 그놈이 황산교 쪽으로 잽싸게 달려갔어요. 이상한 마음에 저도 그곳으로 갔지요. 거기 가자 다리 아래로 아내의 차가 굴러 있었고, 차 안에서는 아내가 신음을 하고 있더군요. 급히 구급차를 불러 아내의 생명을 구할 수 있었습니다. 그동안 부지런히 미르 집사 노릇한 덕을 단단히 봤습니다. 미르, 그놈, 아주 영물이에요."

그러면서 조 화백은 이즈음 미르의 초상화를 100호 크기로 그린다고 말했다. 그 그림은 아내의 청이라고 했다.

"아내가 퇴원하게 되면 저희 부부는 고향으로 내려갈 예정입니다. 마침 고향의 한 후배가 요양병원을 세웠답니다. 그 후배가 제 아내를 간호실장으로 초빙하기에 이참에 함께 내려가기로 약속했습니다."

"나이가 들면 고향이 더 좋지요. 왜 연어도 죽을 때는 고향으로 돌아간다고 하잖아요."

"선생님도 귀향을 하시지요."

"저는 이미 때를 놓쳤습니다."

"늦었다고 생각할 때가 가장 알맞은 때라는 말도 있습니다."

"다시 생각해보겠습니다."

조 화백은 즉석에서 물을 끓인 뒤 차를 내놓았다. 차향이 좋았다.

"그동안 저는 늘 미르를 배신했다는 죄의식 속에 살았습니다."

"이제 그런 생각은 하지 마십시오. 미르는 제집에서 아주 잘 지내고 있어요. 걔를 따르는 이 동네 길고양이도 많아요. 그 녀석은 제 먹이를 그들에게 자주 나눠주기도 하고요."

"기특하군요."

"아마 그 녀석도 이즈음은 저세상 갈 준비하나 봅니다. 요즘 그런 징후가 엿보여요. 밥을 남기는 적도 더러 있고, 자주 울어요. 근데 오늘은 활기차 보입니다. 아마도 선생님이 오시는 줄 개가 미리 육감적으로 알고 있었나 봐요."

조 화백은 그 얘기를 끝내고 마을 어귀의 가까운 밥집으로 안내했다. 미르도 동행했다. 같이 저녁을 먹은 뒤 그 자리에서 눌러앉아 차까지 마신 다음, 같이 일어섰다.

"저는 화실로 갈 테니 선생님은 미르와 회포를 잠시라도 더 푸십시오."

"배려 감사합니다. 조 화백님!"

나는 미르를 안고 곧장 조금 전에 만났던 황산마을 버스 정류장 대기실로 갔다.

"미르! 너 혹시 네 누이를 아니?"

미르는 잠시 머뭇거린 뒤 "어어, 음" 하는 응답의 신호를 보냈다. 그러면서 뭐라고 중얼거렸다.

"서로 진정성을 가지고 그리워하면 다음 세상에서도 만날 수 있대요. 다음 세상에서 아빠는 오래전에 헤어진 누이뿐 아니라 대학 시절에 돌아가신 아빠의 어머니도, 얼마 전 돌아가신 아버님도 만날 수 있을 거예요."

"그럴 수 있을까?"

"그럼요, 그동안 서로가 진정성을 가지고 그리며 살았다면…. 이 세상에서 뭇 생명들에게 받기만 하고 주는 데 인색하면 하느님은 그런 사람들의 만남을 허락하지 않을 거예요."

곧 호출한 택시가 도착해서 차머리를 다시 귀래 쪽으로 돌렸다.

"안녕, 미르!!!"

"어어, 응."

그는 내게 작별의 인사를 하고 곧 어둠 속으로 사라졌다. 택시기사가 그 광경을 바라보며 말했다.

"그놈 아주 영물입니다."

"글쎄 말입니다. 제가 그 녀석에게 아주 혼을 빼앗겨 여기까지 만나러 왔지 뭡니까."

"요즘 사람들이 개와 고양이를 반려동물로 기르는 것은 아마도 이런 맛 때문일 겁니다."

택시기사는 어둠이 짙은 귀래 '부귀로'를 재빠르게 달리면서 요즘 사람들이 반려동물에 빠져 사는 얘기를 줄곧 했다. 나는 뒷좌석에서 껌껌한 바깥을 바라보며 저세상으로 떠난 혈육들을 다시 만날 날을 꿈꾸고 있었다. 그러기 위해서는 뭇 생명들에게 받기만 하지 말고 베풀며 살아야 한다는 미르의 말을 상기했다. (15. 9.)

그 고양이는 왜 산으로 갔을까

 잠결에 긴 전화벨 소리를 듣고 전화를 받자 조 화백의 음성이었다.

"안녕하세요?"

"네, 덕분에. … 오랜만입니다. … 미르, 잘 있습니까?"

"…."

조 화백의 숨소리는 들리는데 대답이 없다. 다소 불길한 예감이 들었다. 나는 다급하게 물었다.

"무슨 일이 있었습니까?"

"…."

여전히 그의 숨소리만 들렸다.

"지금, 어디십니까?"

"제 고향, 전남 해남입니다. 닷새 전 미르가 집을 나가 돌아오지 않았습니다. 그런 중, 간밤에 갑자기 고향에 사시는 숙부님이 돌아가셨다는 기별을 받고 부랴부랴 고향에 내려왔습니다. … 미르가 집을 나간 후 처음에는 곧 돌아오겠지 하고 마냥 기다렸으나 끝내 돌아오지 않았습니다. 조금 전 황산마을 이웃집으로 전화로 확인을 해보니 아직도 오리무중이라고 하네요. 곰곰 생각하다가 이제라도 선생님에게 알려드리는 게 도리 같아….″

″알려주셔서 감사합니다.″

″죄송합니다. 제가 제대로 돌보지 못해서….″

″아닙니다. 그 녀석의 운명일 테죠.″

나는 별 대수롭지 않은 듯 말했다. 하지만 조 화백은 몇 차례나 더 죄송하다는 말을 반복했다. 그러면서 조 화백은 그 무렵의 얘기를 했다.

″곰곰 생각해보니까 미르가 집을 나가기 그 며칠 전부터 그 녀석의 행동에 이전과는 다른 이상한 점이 엿보였습니다. 예사 때와는 달리 눈물을 흘리면서 자주 울더라고요. 특히 집 나가기 전날은 제 품에 안겨 애교를 많이 부렸습니다. 제 딴은 아마도 작별 인사였나 봐요.″

조 화백은 거기까지 얘기를 하고는 자기가 더 잘 돌보지 못해 죄송하다는 말을 거듭했다. 나는 통화가 끝난 뒤에도 종료 버튼을 누르는 것도 잊은 채 미르와의 이런저런 추억을 되새기며 깊은 시름에 빠졌다.

나는 이즈음 따라 내 인생도 막장에 다다른 감을 느끼며 지내고 있었다. 형편이 되면 다시 깊은 산골마을로 돌아가 미르 그 녀석과 조그만 오두막집에서 단둘이서 다시 오순도순 사는 그런 꿈을 꾸고 있었다. 그러면서 좀 더 고양이의 생태를 이해하고자 원주시립 중앙도서관에서 고양이에 관한 여러 책을 대출받아 읽고 있는 중이었다. 어느 책에서는 고양이의 자기관리 습성과 그들의 평균수명은 15~20년을 사는 바, 고양이들은 자기 죽음이 다가왔을 때는 제 가족, 동족 및 후손들에게 누를 끼치지 않고자 홀로 슬그머니 산으로 올라가서 조용히 죽음을 맞거나 자기의 육신을 다른 생명체의 먹이로 아예 바친다는 대목도 있었다. 나는 그 부분을 읽으면서 어쩜 그들이 사람들보다 더 충실한 하느님의 자손으로 생애를 마무리한다고 감탄했다.

그날 오후, 원주로 이사 와서 새로 사귄 한 이웃 친구의 부음을 받고 기독병원 영안실로 문상을 갔다. 그런데 거기서 뜻밖에도 태장동 삼성동물병원의 김 수의사를 만났다. 그제서야 김 수의사가 고인의 처조카인 것을 처음 알았다.

우리는 각자 문상을 마친 다음, 상주의 권유로 빈소 접객실에서 차담을 가졌다. 김 수의사는 나의 반려묘였던 미르를 잊지 않고 안부를 물었다.

"마침 오늘 오전, 그의 새 집사인 귀래의 조 화백으로부터 미르가 가출했다는 기별을 받았습니다."

"네에? … 그 녀석이 선생님 댁으로 온 지는 얼마나 됐습니까?"

"2005년 2월에 왔으니까 그새 10년은 훨씬 더 지났습니다."

"그렇다면 그 고양이는 자신의 수명이 다 됐음을 자각하고 아마도 깊은 산으로 갔을 겁니다."

"네에?"

"고양이들은 죽을 때가 되면 거의 본능적으로 깊고 먼 산이나 바위 밑으로 자신의 몸을 숨긴 다음, 혼자 조용히 숨을 거두는 습성이 있습니다."

김 수의사는 지독한 동물보호론자로 대학에서 수의학을 전공하고 평생 직업으로 동물병원을 운영해 온 반려동물 전문의다. 그는 고양이의 죽음 얘기를 보다 자세히 들려주었다.

대체로 고양이들은 자신의 죽음을 본능적으로 감지하면 우선 자신의 약해진 신체를 회복하고자, 또는 자기 종족에 누가 되지 않으려고, 또는 종족과 새끼들을 천적으로부터 보호하고자 산이나 들로 가서 으슥한 곳에서 자기 생을 마감한다는 것이다. 또 그들은 자기가 살아있는 동안 많은 동물들을 잡아먹었으니 죽은 뒤 자기 육신을 다른 생명체의 먹이로 돌려주는 본래의 습성을 가졌다고 연구 발표한 어느 고양이 전문 동물학자들의 얘기도 들려주었다.

나는 김 수의사의 얘기를 들은 뒤, 곧장 중앙시장 시내버스정류장에서 31번 시내버스를 타고 귀래 황산마을로 향했다. 내가 황산마을에 이르렀을 때는 이미 땅거미가 진 초저녁이었다. 조 화백의 집은 불이 꺼져 있었다. 나는 그 집 언저리를 한 바퀴 돌면서 지난날처럼 '미르'를 계속 불렀다. 만일 그가 집안에 있었다면 분명 불쑥 나타나 내 앞에서 벌러덩 누운 채 반갑다고 '그렁그렁'거렸을 것이다. 하지만 그날은 찬바람만 불 뿐 그의 종적을 도무지 알 수가 없었다. 다시 그 집 주위를 한 바퀴 더 돌면서 이름을 계속 불렀다. 그러자 하정화숙 앞집 전등불이 켜진 방안에서 한 아낙네가 방문을 연 채 나를 향해 말했다.

"뉘세요?"

"하정화실 고양이 '미르'를 만나러 왔습니다."

"그 고양이는 며칠 전부터 보이지 않더구먼요."

그 아낙은 대문 밖까지 나와서 나에게 미르에 관한 여러 가지 얘기를 전했다. 미르는 동네사람 누구나 잘 따랐다고 칭찬을 엄청 늘어놓았다. 그 집 대문 앞에서 이런저런 얘기를 나누는 동안 동네 길고양이들도 미르의 안부가 궁금한지 내 언저리를 맴돌았다.

나는 그 아낙과 헤어진 뒤 어두컴컴한 미륵산을 향해 오르며 나직이 '미르!'를 연신 불렀다. 하정화실에서 1킬로미터쯤 산길을 오르자 주포리 마을이 나타났다. 나는 그 마을도 지나친 채 어슴푸레 보이는 미륵산 정상을 향해 계속 발걸음을 옮기면서 '미르'를 불렀다. 거기서 다시 2킬로미터쯤 더 오르자 자그마한 암자가 보였다. 나의 미르를 부르는 목소리와 발걸음 소리를 들은 그곳 암자의 스님이 방문을 열어젖히면서 말했다.

"이 밤중에 뉘시오?"

"고양이를 찾으러 나섰습니다."

"네에?"

스님은 의아스럽게 반문했다.

"제가 5년 남짓 횡성군 안흥마을에서 러시안 블루종 고양이를 기르다가 원주로 이사를 오면서 더 이상 아파트에서 기를 수 없기에 하는 수 없이 아랫마을 하정화숙 털보조 화백에게 맡겼습니다. 그런데 닷새 전에 그 고양이가 사라졌다고 하여…."

"그 말씀을 하니까 생각이 나네요. 한 너댓새 전쯤 한밤중에 웬 고양이가 문밖에서 처량하게 울부짖기에 제 방 안으로 불러들인 적이 있었지요. 배가 몹시 고픈 것 같아 제가 먹던 밥을 줘도 냄새만 맡을 뿐, 영 먹지 않더군요. 그날 밤 그 고양이는 제 머리맡에서 한잠을 잔 뒤 이튿날 새벽 제가 소피보러 뒷간에 가는데 그놈이 후다닥 밖으로 따라 나오더니 이후 종적이 없었어요. 다음 날 행여 그 녀석이 찾아올 것 같아 일부러 원주 시내 고양이가게에 가서 사료를 사다 놓고 그를 기다렸습니다. 하지만 이제까지 꿩 구워 먹은 소식인데 오늘 밤, 처사가 찾아오셨구먼요."

"감사합니다. 얘기를 듣고 보니 어쩐지 제가 찾는 그 녀석 같습니다."

"나무관세음보살."

나는 스님에게 합장배례한 뒤, 다시 암자 뒷산 미륵산 정상을 향해 오르며 나지막이 계속 '미르'를 불렀다.

(18. 3.)

미르의 환영

나는 숨을 헉헉거리며 미륵산 정상을 향하여 계속 올랐다. 가끔 '미르!' '미르!' 그의 이름을 불렀다. 10여 분쯤 그렇게 오르자 눈앞에 미르와 비슷한 희미한 물체가 보였다. 나는 반가운 마음에 크게 소리쳤다.

"미르!"
"아빠! 이 밤중에 웬일이세요?"
"네가 보고 싶어 여기까지 찾아왔단다. 이리 온, 미르야! 내가 너를 안아줄게."
"아빠! 이제 전 아빠 곁으로 갈 수가 없어요. 아빠의 품에 안길 수도 없고요."
"그럼, 어떻게 하면 너를 다시 만날 수 있니?"
"아빠, 제가 이전에 한 얘기 기억하세요?"

"그럼, 한 마디도 빠짐없이 다 기억하고 있단다. '서로 진정성을 가지고 그리며 살면 사후의 세계에서 하느님이 만남을 허락할 거'라는 말도…."

"아빠와 저는 이승에서 진정성을 가지고 함께 살면서 그리워했기에 오늘도 이렇게 만날 수 있는 거예요."

"애, 미르! 오늘 밤 내가 너를 꼭 안아주고 싶구나."

나는 그 말과 함께 미르 쪽으로 발걸음을 떼어놓으려 하자 그가 크게 소리쳤다.

"아빠! 위험해요."

그 순간 나는 절벽에서 떨어졌다. 그러고는 정신을 잃었다.

무슨 말소리에 눈을 뜨자 세 사람이 나를 내려다보고 있었다. 119 구급대원 복장을 한 젊은이가 말했다.

"마침내 어르신이 눈을 뜨셨어요."

체온계를 든 간호사가 말했다.

"호흡과 맥박도 점차 정상으로 돌아오고 있습니다."

흰 가운을 입은 의사가 말했다.

"일단 위급한 불은 껐습니다. 이제부터는 더욱 안정이 필요하니까 우린 일단 물러납시다."

그들 세 사람은 내 언저리에서 멀어져 갔다. 내가 다시 눈을 뜨자 119 구급대원이 곁을 지키고 있었다.

"어르신! 정신이 드세요?"

나는 병상에 누운 채 고개를 끄덕였다.

"기적입니다. 그 높은 절벽에서 떨어지시고도 크게 다친데 없이 발견되신 건…."

"어떻게 된 겁니까?"

그가 그간의 일을 짤막하게 들려주었다. 사흘 전 한밤중에 미륵산 암자 스님이 실종 신고를 했단다. 한밤중에 산으로 올라간 사람이 하산한 기척이 없자 불길한 생각으로…. 그리하여 원주소방서 119 구급대원들이 출동하였다. 그들이 미륵산 정상을 향해 오르던 중 절벽에서 추락한 나를 발견한 뒤 급히 원주의료원 응급실로 후송했단다.

"어르신 한밤중에 왜 그 미륵산을 오르셨나요?"

"'미르'를 만나고자…."

"'미르'라니요?"

"한때 제가 집사 노릇을 한 고양입니다."

"대단한 고양이입니다. 할아버지를 미륵산으로 부른…."

나는 가볍게 고개를 끄덕였다. 내가 혼수상태에서 깨어난 지 일주일 후 응급실에서 일반 병동으로 옮겨졌고, 그 뒤 입원 보름 만에 퇴원했다.

원주의료원 일반 병동에서 보름간 지내면서 나는 지난 인생을 많이 되새김질했다. 성능 좋은 지우개로 몽땅 지우고 싶도록 온통 이기적인 지난 삶이요, 교만한 인생이었다. 좀 더 너그럽게 가족과 다른 이들을 포용치 못한 옹졸한 삶이었다.

병원에서 퇴원한 다음 날은 입춘절로 바로 할머니 기일이었다. 어느 정도 건강 상태가 정상으로 돌아온 것 같기에 그날 느지막이 오대산 월정사 지장암 옆 수목장으로 갔다. 조상의 추모목을 찾아 깊이 고개 숙여 절을 한 다음 하산하려는데, 어디서 "꿀! 꿀!" 멧돼지 소리가 났다. 소리 나는 쪽으로 시선을 돌리자 아비 어미 멧돼지가 세 마리의 새끼를 데리고 먹이를 찾아주고자 사방을 휘젓고 다녔다. 그 순간 나는 훌쩍 내 몸을 전나무 추모목 뒤로 숨겨 위기를 모면했다. 그들 일가족이 사라진 후 급히 하산하여 곧장 진부 정류장에서 원주행 시외버스를 타고 귀가했다.

그날 밤, 하루 일과를 되새김질하는데, 그날 나는 위기를 모면했다는 안도감보다 하늘이 준 천재일우의 좋은 기회를 놓쳤다는 생각이 더 앞섰다. (18. 3.)

[닫는 장]
기브 앤 테이크

 그 며칠 후 이른 아침, 나는 옷장에서 검은 정장을 꺼내 입고 서랍에서 주민등록증을 찾아 지갑에 넣은 다음, 거래은행으로 갔다. 비상금 및 사후 장례비로 통장에 남겨둔 돈을 모조리 찾았다. 1억 원이 조금 넘었다. 그래서 그 반은 한 장의 수표로 만들어 봉투에 담았다. 그리고 나머지 돈은 모두 고액권 현찰로 찾아 모두 봉투에 넣었다. 그런 뒤 원주시외버스터미널로 가서 진부행 버스에 올랐다. 진부 정류장에서 곧장 택시로 월정사에 가서 경내 대웅전(적광전)에 예불을 드린 뒤, 바로 수광전으로 갔다. 낯익은 수광전 무량지 보살님이 반갑게 맞았다. 조상님 네 분의 위패를 꺼내 고유 인사를 겸한 다례를 드린 뒤 곧장 원주실로 갔다.
 연화 원주 보살님이 정중하게 맞았다.
 "어인 일로…."

"마침 할머니 기일이라 다례를 드리러 왔습니다."

그가 내 말에 합장 기도했다.

"보살님!"

"말씀하세요."

"미리 제 수목장 장례비와 49재 비용, 관리비를 드리고자 합니다."

"네엣! 처사님도…. 아직 정정하신데 무슨 말씀이세요."

"한 치 앞도 모르는 게 인생입니다."

"그 말씀은 옳습니다만…."

나는 안주머니에서 두 봉투를 꺼낸 뒤 원주 스님에게 전했다.

"수표가 든 얇은 봉투는 제 수목장 장례비와 49재, 그리고 관리비입니다. 또 하나 두터운 봉투는 보살님이 간직하셨다가 저의 장례식이 끝난 뒤 수고하신 분들에게 일일이 나눠주십시오."

내 설명을 듣고 난 원주 스님이 봉투 안의 수표와 현찰을 확인한 뒤 영수증을 써주면서 말했다.

"처사님은 따로 추모목을 쓰지 않는데도 웬걸 이렇게 많이 넣으셨습니까?"

"혹 돈이 남으면 불전에 바치십시오."
"그리하겠습니다."
나는 원주실을 나온 뒤 조상의 추모목으로 가서 두 손을 모았다.

'그동안 이 풍진 세상을 사느라 애썼다. 어여 오너라.'

할아버지, 할머니, 아버지, 어머니가 차례로 한 말씀씩 들려주셨다. 나는 그 말씀을 뒤로한 채 일전에 멧돼지 일가족이 오르던 지장암 뒷산으로 천천히 발걸음을 옮겼다. 그 순간 언젠가 미르와 나누었던 대화가 떠올랐다.

"아빠! 머지않아 이 세상에 꼭 무슨 큰일이 일어날 것 같아요. 요즘 사람들은 본디 착한 마음씨를 잃어가고 있어요. 하나밖에 없는 이 세상을 마구 파헤쳐서 사람도 동물도 살 수 없는 세상을 만들고 있어요. 사람들은 이 세상의 모든 동식물들에게서 빼앗아 가기만 하고 돌려주는 건 아무것도 없어요. 세상만사, 주고받기 곧 '기브 앤 테이크(Give and Take)'인데…. 사람들은 빼앗아 가기만 해요. 이러다가는 이 지구상에 모든 생명체가 사람들 때문에 살아남지 못하는 세상이 올 것만 같아요."

"얘, 그럼 어쩌면 좋겠니?"

"지난날 아빠는 선생님이었고, 지금도 글을 쓰시는 분이니까 지난날 학생들에게 일러주듯이 하느님의 진솔한 하소연을 사람들에게 꼭 제대로 전해주세요."

"글쎄다. 세상 사람들이 내 말을 들을는지?"

"개중에 몇 사람은 아빠 말씀을 잘 새겨들을 거예요. 애초에는 한두 사람이 고개를 끄덕일지라도 점차 그 말씀이 옳다면 산불이나 들불처럼 번져나갈 거예요. 그리고 말이나 글보다도 실천이 더욱 중요하지요."

"그래 네 말이 맞아! 말이나 글보다도 실천이 더욱 중요하지. 더욱이 요즘 사람들은 남의 번지르한 말이나 글은 외면한단다. 내가 실천하지 않는 한, 백 마디 말이나 글은 무용지물이야. 미르! 무지한 나를 일깨워줘 고맙다. 나도 머잖아 네가 사는 곳으로 인도해다오."

"오세요, 아마도 아빠는 오실 수 있을 거예요. 기왕이면 오실 때 거추장스러운 육신은 모두 동식물들에게 주시고 영혼만 오세요."

"미르! 잘 알았다."

그날부터 보름이 지난 후, 오대산 지장암 곁 수목장에는 멧돼지가 먹다가 남긴 한 노인의 시신을 화장한 뒤 남은 유해(뼛가루)가 전나무 추모목 뿌리 부분에 뿌려졌다. 곧이어 월정사 대웅전 적광전에서는 그 노인의 반혼제와 초우제가 조촐히 이어졌다. 스님의 염불 속에 상주 및 조문객들은 영가(靈駕, 영혼)를 향해 연신 큰절을 올렸다. 법고(法鼓, 큰북)와 운판(雲板, 구리쇠로 만든 구름 모양의 금속판), 그리고 목탁 소리와 함께 주지 스님의 반야심경 독경소리가 오대산 계곡으로 이내처럼 스멀스멀 번지고 있었다.

" …

아제 아제 바라아제 바라승아제 모지 사바하

아제 아제 바라아제 바라승아제 모지 사바하

아제 아제 바라아제 바라승아제 모지 사바하"

(18. 4.)

박도(朴鍍)

1945년 경북 구미에서 태어나다. 구미초등학교, 구미중학교, 중동고등학교, 고려대학교 국문학과를 졸업하다. 학군단(ROTC) 7기로 전방에서 육군 보병 소대장으로 복무하다. 전역 후 경기도 여주 제일중, 서울 오산중, 중동고, 이대부고에서 33년 교사생활을 하다. 1994년 등단 이후 작가, 그리고 2002년부터 시민기자 생활을 겸하다. 퇴임 후 지금은 강원도 치악산 밑에서 창작에 전념하고 있다. 현재 대한민국 광복회 고문직과 김대중 이희호 기념사업회 고문직을 맡고 있다. 지은 책으로는 장편소설 『사람은 누군가를 그리며 산다』 『전쟁과 사랑』 『항일 파르티잔 '허형식' 장군』 『용서』 등과 산문집 『비어 있는 자리』 『일본기행』 『안흥 산골에서 띄우는 편지』 『백범 김구, 암살자와 추적자』 『마지막 수업』 『어느 해방둥이의 삶과 꿈』 『대한민국 대통령』, 역사답사기 『항일유적답사기』 『누가 이 나라를 지켰을까』 『영웅 안중근』 등이 있다. 이밖에도 사진집 『지울 수 없는 이미지(1~3)』 『나를 울린 한국전쟁 100장면』 『개화기와 대한제국』 『일제강점기』 『미군정 3년사』 등과 어린이 도서로 『대한민국의 시작은 임시정부입니다』 『독립운동가, 청년 안중근』 『김구, 독립운동의 끝은 통일』 등이 있다.

그 고양이는 왜 산으로 갔을까

박도 지음

초판 1쇄 발행일 — 2025년 9월 29일 / 발행인 — 이규상 / 발행처 — 눈빛출판사
서울시 마포구 월드컵북로 361 전화 336-2167 팩스 324-8273 /
등록번호 — 제1-839호 / 등록일 — 1988년 11월 16일 / 인쇄 — 예림인쇄 /
제책 — 일진제책
값 15,000원
Copyright ⓒ 2025, 박도
ISBN 978-89-7409-976-3 03810